진짜 어른이 된다는 것은

진짜 어른이 된다는 것은

초판 1쇄 발행 2021년 11월 19일

지은이 최준배
펴낸이 장길수
펴낸곳 지식과감성#
출판등록 제2012-000081호

교정 양수진
디자인 정윤솔, 이은지
편집 이은지
검수 김혜련, 이현
마케팅 고은빛, 정연우

주소 서울시 금천구 벚꽃로298 대륭포스트타워6차 1212호
전화 070-4651-3730~4
팩스 070-4325-7006
이메일 ksbookup@naver.com
홈페이지 www.knsbookup.com

ISBN 979-11-392-0173-4(03810)
값 15,000원

- 이 책의 판권은 지은이와 지식과감성#에 있습니다.
- 이 책 내용의 전부 또는 일부를 재사용하려면 반드시 양측의 서면 동의를 받아야 합니다.
- 잘못된 책은 구입하신 곳에서 바꾸어 드립니다.

지식과감성#
홈페이지 바로가기

진짜 어른이 된다는 것은

최준배 지음

일상 속에서
나만의 행복을 찾아가는
진솔하고 투명한 성찰 에세이

프롤로그

　얼마 전 책에서 화가 모네의 삶에 대해 읽었는데 그의 만년의 삶에서 전에는 느껴보지 못했던 진한 공감과 감동의 물결을 체험하게 되었다. 모네는 내가 평소 좋아하는 화가이기에 전에도 여러 차례 그에 관한 글을 읽어왔던 터였는데 이번엔 달랐다.
　왜 그럴까? 내가 모네의 만년의 나이가 되어 동질감을 느낀 탓일까?

　그는 화단의 주목을 받아왔지만 나이 들어감에 따라 안락함을 버리고 새로운 모험을 선택한다. 이 선택은 인상주의의 서막이 되었고 지베르니로 거처를 옮긴 후에는 더욱 자신만의 길을 걸어간다. 그는 익숙한 들판을 거닐면서 매일 한 번도 빼놓지 않고, 나무를 매 순간 같은 장소에서 보고 또 본다. 볼 때마다 똑같은 나무는 없었다. 바람에 흔들리는 나무 소리가 들리고 시간과 계절에 따라 빛과 바람과 공기의 미세한 변화가 보였다.
　그의 〈포플라〉 연작을 보면 나무 안에 감춰진 존재의 본질이 보이는 듯하다. 귀 기울이면 어디선가 스쳐 지나가는 바람 소리가 들리는 듯하고, 나무 사이를 오가는 새소리가 들리는 듯하다. 그는 쉰이 넘어 친구에게 보낸 편지에서 "내가 나날이 발전하고 있다는 사실에 가슴이 설렌다"고 하였다. 그의 영혼의 성장을 위한 끝없는 여정을 볼 때면 진짜 어른의 표본을 보는 듯하다.

'행복은 환경이나 재능의 문제가 아니라 용기의 문제'라고 알프레드 아들러가 한 말이 떠오른다. 나이 들어 뒤돌아보며 회한에 젖기보다는 미지의 새로움에 대한 설렘을 가지고 자신만의 길을 걸어가는 어르신의 당당함이 마음속 깊이 감동으로 와닿는다.

나이가 들어가면서 삶을 보는 시각도 점차 바뀌는 것 같다.

능동성보다는 수동성, 성취보다는 조화와 균형, 탁월함보다는 평범함, 외면적 아름다움보다는 내면적 성숙함에 더 가치를 두고 싶다. 이것은 지금까지 살아본 결과 얻은 값진 깨달음이다.

비록 오랜 세월은 아니지만 살아보니, 인생이란 원하는 일보다는 원하지 않은 일이 더 많았고, 행복한 시간보다는 그렇지 않은 시간이 훨씬 더 길었던 듯싶다. 삶은 내가 원하는 대로 호락호락 따라주지 않았고 애쓰는 것만이 능사가 아니었다. 안 되면 적당히 포기할 줄도 알아야 하는 게 인생이었다.

세월이 갈수록 반성의 마음을 내기보다는 감사의 마음을 내는 나를 보게 된다. 나의 결점을 예리하게 지적하고 고치려는 노력보다 나를 둘러싼 일상의 작은 기쁨을 떠올리며 감사하는 것이다. 오늘 내가 잘 먹고, 걸을 수 있어 산책할 수 있고, 단조로운 일상을 설레는 마음으로 맞이할 수 있다는 데 감사한다.

혼자 있는 시간이 점점 더 좋아지고 세상의 소음보다 자연과 내면의 소리에 귀 기울이는 시간이 늘어나고 그 소리에 공감하며 배우고, 때로는 접시꽃을 사랑하는 벌과 나비를 보다가 나를 잊기도 한다. 산책길에서 매일 보게 되는 풍경들도 볼 때마다 조금씩 달리 보인다. 오늘의 배롱나무는 어제와 다르고, 여름날 평소 듣던 개구리 울음소리는 비 오는 날 저녁에는 또 다른 소리로 다가왔다.

느지막이 타인의 시선과 평가에 덜 휘둘리게 되었고, 특이함보다는 평범함이 주는 자연스러움이 얼마나 소중한지 알게 되었다. 좋은 것과 싫은 것의 경계가 점점 희미해지고, 너와 나의 구분이 모호해졌다. 울분이 느껴지는 곳에 연민이 함께하게 되고, 상대의 행동에 마음이 불편할 때면 나를 다시 돌아보게 되었다. 내가 자신을 부풀리고 과장하여 세상의 중심이 되어야 하는 것이 아니라, 상대의 말에 귀 기울이고 그의 욕망과 의도를 존중하며, 상대가 힘들어할 때는 섣부른 조언이나 충고 대신, 가만히 연민의 마음으로 곁에서 지켜봐주고 싶다.

무엇보다도 정작, 어른이 되고 있다는 것을 진지하게 인식하게 된 것은 내가 스스로 결정할 수 있다는 자율성을 이전보다 더 갖게 되었다는 점이다. 나는 비로소 타인을 의식하지 않고서도 하고 싶은 걸 하겠다고 용기 있게 결정할 수 있고, 하고 싶지 않은 것에 대해선 단호하게 그만두겠다고 말할 수 있게 되었다. 그리고 일단 결정한 것은 서슴없이 행동하고, 행동한 것에는 책임질 수 있다는 유능감도 생겼다. 이것이야말로 나의 삶을 더욱 의미 있고 가치 있는 것으로 이끄는, 어른으로서의 자존감의 원천인 듯싶다.

지금에 이르러 내가 진정 아는 것이 무엇인가 자문해본다.

한참을 생각해봐도, 자신 있게 말할 수 있는 뭔가가 없다. 아니, 나이가 들수록 아는 것보다는 모르는 것이 더 많아진 듯싶다. 게다가, 안다고 생각했던 것도 자신 있게 말하지 못하고 주저하게 된다. 그렇다면 '내가 세상과 삶에 대해 확실하게 말할 수 있는 게 없다'는 이 사실이야말로 진짜 어른이 되어간다는 징표가 아닐까?

오직 내가 할 수 있는 것은, 나의 여생이 얼마나 될지 알 순 없지만, 그때까지 열심히 공부할 뿐이다. 이 책에 쓰여진 글들은 지난 1년 동안 책 읽고 산책하면서 공부한 흔적이다. 독자에게 하나의 공부 거리로 참고가 된다면 더 바랄 나위가 없겠다.

이번 책을 내면서 가장 행복했던 사람은 단연코 나 자신이다. 글을 쓰면서, 여러 번 글을 읽으며 교정을 보면서, 부족한 자신을 돌아보고 나를 더욱 잘 알게 되었다. 그리고 마침내 나를 사랑하게 되었.

이 책을 쓰는 데 곁에서 묵묵히 지켜봐준 아내와 두 아들, 그리고 며느리에게 감사를 전하고 싶다. 아울러 산책길에서 만나는 주위 동식물 친구들에게도 고마움을 전한다. 마지막으로 포기하지 않고 나만의 길을 찾아가는 자신에게도 깊은 사랑의 메시지를 표하고 싶다.

2021년 가을이 오는 길목에서

최준배

contents

프롤로그   4

1장   그래서 내가 먼저 행복하기로 했다

행복은 나의 선택	12
홀로 사는 삶	16
나의 아침 명상	23
행복 만들기 프로젝트	26
나만의 행복	30
습관의 힘	36
산책의 위력	40
가족이라는 것의 의미는	43
산책길에서	50
옛 추억을 찾아서	56

2장   내면의 소리에 귀 기울이다

깨어있는 삶	62
혼자 하는 여행	67
내가 주인으로 사는 삶	72
나의 길	78
에고가 조용해지다	83
평범하게 산다는 것은	87

나도 모르는 신비한 나	91
고독을 즐기다	95
언어의 장막을 걷어내고	99
루소에 빠지다	103
루소와 함께한 시간	107
중단할 수 있는 용기	112

3장 산책길에서 삶의 지혜를 만나다

버티는 힘	116
진정한 자유	122
폐 끼침의 미학	126
비움의 미학	131
삶의 의미를 생각하다	136
공생의 미학	141
바둑은 수행이다	146
AI에게 배우는 바둑	151
시인의 정원을 노닐며	155
조선의 선비에 빠지다	159
특별한 체험	165
산다는 것은	169

4장 이렇게 또 자연으로부터 한 수 배웠다

순리대로 산다는 것	176
자연의 아침	180

금오도 여행	188
꿈속 숲길을 걷다	193
아이의 눈높이에서 보다	198
다양성의 의미	202
주인은 서두르지 않는다	207
나무와 대화하다	211

5장 영혼이 전해주는 메시지를 읽다

무아를 맛보다	218
인연을 생각하다	222
인연이란	228
진정한 기도	232
생명의 존엄성을 생각하다	236
영혼의 메시지	242
참나를 찾아서	246
시크릿을 작동시키다	250
치유의 기도	254
신의 사랑	258
귀향	262

1

그래서 내가 먼저
행복하기로 했다

행복은 나의 선택

늦은 저녁에 아파트 베란다에서 거리를 물끄러미 굽어보게 되었다. 붉은 물결의 너울거림이 시선에 들어온다. 그 물결은 가슴에 밀려들어와, 오래전 군포 어느 공원 양귀비 축제의 설렘으로 바뀐다. 환희의 작은 알갱이들이 기억으로부터 하나씩 소환되고, 그 붉음은 또다시 마을 산책로에서 보았던, 붉은 접시꽃의 그리움으로 겹친다.

대체 무슨 까닭으로, 큰 도로 사거리에서 신호등으로 갑자기 멈춰 선 자동차 후미등의 꼬리에 꼬리를 문 붉은색 행렬을 보고 양귀비 축제의 설렘이 떠오르고, 이어서 접시꽃의 그리움이 생각나게 되었을까?

그동안 살아오면서 거리 신호등에 멈춰 선 자동차의 붉은 후미등 행렬을 수도 없이 목격하였을 터이고, 그때마다 나는 조급하고 답답하여 짜증까지 내지 않았던가? 똑같은 광경임에도 지금은 왜 달리 느끼게 되었을까. 곰곰 생각해봤다.

현장에서 맞닥뜨리게 된 운전자의 조급한 시각이 아닌, 눈앞의 대상에서 멀리 떨어져 관조하는 마음으로 보았기 때문이 아닐까? 같은 상황이라고 해도, 이렇게 관찰자의 관점에 따라 전혀 다른 마음을 낼 수도 있구나!

작지만 반짝이는 모래알 같은 깨달음이 왔다.

우리는 늘 일상에서 접하는 대상을, 그동안 몸으로 익힌 경험이나 배움을 통해 알게 된 단편적 지식의 틀 안에서 무의식적으로 판단하고 해석하여 받아들인다. 지금 여기, 있는 그대로를 보지 못하고 한정된 프레임에 사로잡혀 보고 싶은 것만 보게 되는 것이다.

나는 에고의 이기적이고 좁은 편견의 시각에서 편의와 안전, 눈앞의 이익만을 생각하며 살아가고 있는 것은 아닐까. 출근길 눈앞의 빨강 신호등이 내 앞길을 방해한다고 생각하는 대신, 저 건너편에 길게 늘어진 차들이 오랫동안 인내하며 기다렸다고 생각했다면 짜증까지는 내지 않았을지도 모른다. 기억 속 양귀비 축제나 접시꽃까지 생각할 수 있었다면 행복을 살짝 맛볼 수도 있었을 터인데.

그렇다!

무릇 내가 행복하기를 원한다면, 현재의 짜증스럽고 부정적인 생각을 과거의 즐거웠고 긍정적인 기억으로 대체하면 되지 않을까? 이번 상황에서도 과거의 불편했던 기억에만 묶여있었다면 결코 양귀비나 접시꽃의 이미지를 생각해내지 못하였을 것이다.

이렇게 내가 적극적으로 과거의 좋은 기억을 되살리기만 한다면 어떤 상황에서도 입가에 미소를 지을 수 있을 듯싶다.

문득 얼마 전, 일본 여행작가인 '후지와라 신야'가 경험했던 흥미로운 이야기를 책에서 읽었던 게 생각난다.

그는 꿈속 어느 신비한 마을에서 불상(佛像), 포도 넝쿨이 있는 길, 한 쌍의 공작새, 꽃이 흐드러진 경사면, 광대한 분지, 멀리 보이는 하얀 산맥, 자갈밭의 호수 등 황홀한 장면을 보게 된다. 이 신비롭고 달콤한 꿈속의 풍경들은 그가 그동안 여행 중에 목격한 아름다운 장면 중에서 기억 속에 가장 강하게 남아있던 것들이었는데, 이 꿈속에서 모두 이어져 하나의 세계로 표상되었음을 인식하게 된다.

그는 이후 이런 꿈(그는 '정토몽'이라고 불렀다)을 꾼 적은 없지만, 현실에서 의식적으로 이런 꿈을 꾸는 방법을 익혔다. 그는 이를 '꿈꾸는 기술'이라고 호칭하면서, 지금은 어디서나 마치 영화를 보는 것처럼 꿀 수 있게 되었다고 한다.

모든 것을 잊고 눈을 가볍게 감고 마음은 절반 정도 명상 상태에 둔 채, 뇌리에 남아있는 기억의 영상을 불러낸다고 하였다. 그는 꿈이 자신에게 오지 않는다면 스스로 꿈에게로 찾아간다고 하였다.

(출처: 후지와라 신야, 《아무것도 바라지 않는 기도》, 장은선 역, 다반, 2012)

나 역시, 후지와라 신야처럼 이러한 체험을 해보고 싶었다.

이것을 '행복 만들기 프로젝트'라 명명하고 힘든 상황에서 즉각적으로 과거의 행복했던 기억을 되살리는 연습을 하기로 한다.

나의 머릿속에 저장된 기억의 역사를 보면, 세 살 때 사촌 형과 우물가에서 씨름하던 기억으로 거슬러 올라간다. 그 후 60여 년을 살아오면서 축적된 수많은 기억의 보따리를, 마치 고고학자들이 오래된 유물을 발굴하듯 풀어헤치며, 가능한 한 유쾌하고 행복했던 기억을 떠올리는 것이다. 결코 쉽지 않은 시도겠지만 도전해보려고 한다. 내가 진정 행복하기를 선택한다면 도전해볼만한 가치가 있지 않을까.

고대 아틀란티스 유물 발굴 작업을 앞둔 탐사대원이라도 된 양, 가슴이 설레고 살짝 떨리기도 한다.
과연 나의 기억 속에 오랫동안 어둠에 묻혀있던 아이들을 깨울 수 있을까?
한 번도 소환되지 않았던 깊은 의식 속의, 그 행복했던 아련한 기억을.

> 나는 인간이 지을 수 있는
> 가장 큰 죄를 지었다
> 나는 행복하게 살지 않았다
>
> (호르헤 루이스 보르헤스의 시 〈후회〉 중)

홀로 사는 삶

얼마 전 인터넷에서 보았던 기사가 생각난다.

100살을 넘긴 외국 어느 노부부의 얘긴데, 남편이 세상을 떠나자 다음 날, 그 부인이 돌아가셨다고 한다. 얼마나 혼자 있기 힘들었기에 이렇게 서둘러 따라가신 걸까?

이와 유사한 사례는 우리나라에서도 심심찮게 들려왔던 것 같다. 최근 발표된 통계수치에서도 배우자와 사별한 뒤 1년 안에 숨지는 사람의 비율이 실제로 매우 높은 것으로 나타났다.

왜 이런 일이 일어날까?

부부애가 돈독하여 홀로 살기가 너무 외롭고 고통스러워서일까? 혹은 상대 배우자에 대한 지나친 의존관계로 인해 홀로 살기가 현실적으로 너무 불편하고 힘들어 스트레스를 받았기 때문인가?

먼저 홀로됨에 대하여 생각해본다.

혼자가 된다는 것은 생명을 가진 존재라면 태어나서 살다가, 때가 되면 누구나 겪게 되는 자연스러운 현상이다. 부부 둘 중 한 사람은 빨리 세상을 뜰 수밖에 없다. 이건 피할 수 없는 현실이다. 외로움은 곧 일상이 되고 삶도 서서히 바뀌게 된다.

그렇다면 그때를 대비하여 남은 사람만이라도 잘 살다가 갈 수 있어야 할 것이다. 미리 훈련해야 한다. 혼자서도 건강이 허락하는 한, 외롭지 않고, 불편하지 않고, 즐기며 생활할 수 있도록 말이다. 이러한 삶의 변곡점에 들어섰을 때 비로소 자신을 '가장 생생하게 살아 있는 존재'로 의식하게 된다고 시인 릴케(R. M. Rilke)는 말하지 않았던가.

어떻게 대비하여야 할지 곰곰 생각해보았다.

제일 먼저, 대화를 나눌 수 있는 벗이 있어야겠다.

나이가 들면서 새삼 절실히 깨닫는 것 중 하나가, 삶이 다할 때까지 우정을 나눌 친구의 존재가 중요하다는 점이다. 단지 무료한 시간을 공유하기 위한 친구 대신, 곁에서 있는 그대로, 서로의 차이를 인정하며, 서로 배우고 성장해갈 수 있는 진실하고 변함없는 친구 말이다. 어느 임상시험 조사 결과에 따르면, 주변 가까이에 사랑하는 가족 구성원이나 친구들이 있으면 뇌 건강에 도움을 주어 치매를 늦추고 만성질환도 예방할 수 있다고 한다. 이런 친구는 오랜 기간 시간과 노력을 기울여 서로 만들어가야 얻을 수 있다. 주위의 이웃을 봤을 때 친구의 범주에 반려견이나 반려묘도 포함할 수 있을 것 같다.

나의 멘토 몽테뉴 선생이 《수상록》에서 말한 그의 친구 '라 보에티'와의 우정처럼 '두 영혼이 한데 어울리고 용해되어 꿰맨 자국조차 보이지 않을 정도'까지는 아니라 할지라도, 기쁠 때나 슬플 때나 한결같이 이해하고 공감하며 신뢰할 수 있는 친구가 필요한 것이다.

그렇다면 나는 이처럼 편하게 만날 수 있는 친구가 몇 명이나 있을까?

미국의 국립과학재단 연구조사(2007년) 결과에 따르면 미국인 성인의 1/4은 속마음을 털어놓고 기쁨을 나눌 친구는 하나도 없고, 친구가 있다고 하더라도 가깝게 지내는 지인은 두세 명에 지나지 않는다고 한다. 하지만 중요한 것은 친구의 숫자가 아니라 관계의 질적 측면이 아닐까? 단 한두 명의 진실한 친구라도 있다면 여생을 외롭지 않게 보낼 수 있으리라 확신한다. 지금 유지하는 몇몇 친구라도 생을 다할 때까지 관계를 잘 이어나가야겠다.

문득 함석헌 어르신의 시 〈그대 그런 사람을 가졌는가?〉가 떠오른다.

(중략) 온 세상 다 너를 버려
마음이 외로울 때에도
'너 뿐이야' 하고 믿어주는
'그 사람을 그대는 가졌는가?

다음으로, 건강을 유지하기 위해서는 혼자서도 식생활을 불편 없이 해결할 수 있어야겠다.

오랜 기간 부엌살림을 배우자에게 전적으로 맡겨온 남성의 경우에는 특히 신경을 쓸 필요가 있다. 과거 습관으로 인해 적응하기가 쉽지 않기 때문이다. 그래서 균형 잡힌 식단으로 평소 좋아하고 잘 먹는 음식 몇 가지는 혼자서도 재료만 갖추면 쉽게 요리를 할 수 있는 연습을 해야 한다. 가령, 짧은 시간에 간단히 만들 수 있는 영양 만점의 달걀 요리로 달걀 스크램블이나 달걀찜, 달걀 볶음밥 등은 도전해볼만하지 않을까. 고기가 당길 때는 삼겹살에 구수한 된장찌개도 좋은 식단이 될 것이다. 요즘은 인터넷에서 쉽게 레시피를 다운받을 수 있고 SNS를 통하여 공유할 수 있어서 배우려는 의지만 있으면 문제가 없을 것이다.

세 번째로, 혼자서도 따분하거나 지루하지 않고 즐겁게 시간을 보낼 수 있도록 취미 몇 가지는 가지고 있어야겠다.

대표적인 취미로 여행, 등산, 독서, 악기 연주, 음악 감상, 그림 그리기 그리고 서예, 바둑, 당구 등을 들 수 있을 것 같다. 이런 취미는 하루아침에 만들 수 있는 것이 아니기 때문에 나름대로 하고 싶은 것을 정하여 꾸준히 실력을 쌓아나가는 것이 상책이다. 이렇게 준비하는 것은 돈으로도 들 수 없는 값비싼 보험을 들어두는 것과 같다. 이 보험은 나를 행복하게 하는 필수 불가결한 보험이다.

문득 몇 년 전 책에서 봤던 미국의 모지스 할머니가 떠오른다.

남편과 큰딸을 먼저 하늘로 보낸 후인 76세에 처음 그림을 배우기 시작해 80세에 개인전을 열고 100세에 세계적인 화가가 된 분이다. 그녀는 말한다.

"이제라도 그림을 그려서 얼마나 다행인지 모릅니다. 나의 경우에 일흔 살이 넘어 선택한 새로운 삶이 그 후의 오랜 삶을 풍요롭게 만들어줬습니다."

그리고 한마디 덧붙인다.

"사람들은 내게 이미 늦었다고 말하곤 했어요. 하지만 지금이 가장 고마워해야 할 시간이라고 생각해요. 무언가를 진정으로 꿈꾸는 사람에겐 바로 지금, 이 순간이 인생에서 가장 젊은 때지요. 무언가를 시작하기에 딱 좋은 때이죠."

(출처: 애나 메리 로버트슨 모지스, 《인생에서 너무 늦은 때란 없습니다》, 류승경 편역, 수오서재, 2017)

보고만 있어도 행복해지는, 따뜻하고 정감 어린 동네 풍경을 담은, 그의 그림이 아직도 기억에 생생하다.

마지막으로, 자연과 가까이하는 것이다.

자연은 언제 어디서나 우리 곁에 있다. 우리가 언제든 마음만 내면, 다가서 얘기하고 공감할 수 있는 믿음직한 친구다. 정원의 화초나 베란다의 화분 꽃, 동네 야산이나 호수가 될 수도 있겠지만, 나는 그중에서도 나무를 가까이할 것을 추천한다. 평소 관심을 가지고 봐 왔던 나무나 왠지 모르게 끌리는 나무도 좋고, 특히 오래된 고목도 괜찮을 것 같다.

나의 경우에는 소동파 선생의 글 〈마음속의 대나무〉를 읽고 매양 산책로에서 보게 되는 대나무와 벗하게 되었는데, 지난 경험으로 봤을 때 이 친구는 그동안 한 번도 나를 실망시키지 않았던 것 같다. 우울할 때나 적적할 때는 물론, 기쁠 때나 슬플 때 언제나 다가가 교감하고 위로받았던, 변함없는 친구다.

인간이 아닌 자연에서 이런 듬직한 친구를 곁에 둔다는 건 또 다른 색다른 설렘이다.

한번 시도해볼만하지 않을까?

최근 통계청에서 발표한 인구주택총조사 자료를 보면 1인 가구 수는 30.2%(2019년 기준)라고 한다. 세 가구당 하나꼴인 셈이다. 또 요즘 코로나로 인해 이동이 자유롭지 못하고, 보고 싶은 사람들도 쉬 만나지 못하는 실정이니 혼자 있는 시간이 더 늘어난 것 같다. 더군다나 나이가 점점 들어가는 우리에게는, 현재는 혼자가 아니라고 하더라도 언제 혼자가 될지 아무도 모른다. 홀로 살게 되는 일은 불현듯 예기치 않게 일어나는 것 같다. 지금부터 시간적 여유를 갖고 조금씩 습관적으로 홀로서기 훈련을 해나가야 한다. 배우자가 혼자서도 씩씩하게 잘 살아갈 수 있다고 생각한다면, 먼저 떠나야 할 사람에게도 부담감이나 걱정이 줄 것이다.

결국, 홀로 잘 산다는 것은 싱글이나 독신으로 잘 산다는 의미가 아니라, 삶 속에서 자신만의 자유와 행복을 추구하며 산다는 뜻이다. 홀로서기 연습은 홀로 남는 사람이나 먼저 가는 사람 모두에게 도움이 되는, 100세 시대를 행복하게 살아가기 위한 중요한 '필수 수업'이다.

"좋아하는 일을 천천히 하세요. 때로 삶이 재촉하더라도 서두르지 마세요.

삶이 내게 준 것들로 나는 최고의 삶을 만들었어요.

결국, 삶이란 우리 스스로 만드는 것이니까요."

이렇게 삶은 스스로 만들어가는 것이라고 모지스 할머니가 나직이 곁에서 속삭인다.

나의 아침 명상

잠에서 깨어나 시간을 보니 AM 5:56.

6시에 기상한다는 결심이 몸에까지 전해진 듯하다. 몸과 마음이 하나가 되어 작가로서의 새로운 삶을 응원해주는 것 같아 고맙다. 침대에서 하는 간단한 스트레칭 동작 몇 가지를 하고 거실로 나간다.

그동안 하는 둥 마는 둥 하던 명상을 오늘부터 매일 20분 제대로 하기로 한다.

거실 한가운데 방석을 깔고 앉는다. 알람을 맞추고 명상 자세로 들어가 호흡과 함께 내면세계로 진입한다. 기존에 하던 호흡법과는 달리, 며칠 전부터 유튜브에서 새롭게 배운 호흡법을 시도해본다. 처음엔 좀 어색하지만 몇 번 해보니 곧 적응이 되는 듯하다. 단전을 의식하면서 숨을 깊이 들이마시고 항문을 조이면서 숨을 멈추는 '쿰바아타'를 거쳐 몸속 탁한 기운을 천천히 내뿜는 호흡법이다. 들숨, 날숨에 정신을 집중하며 명상하는 나를 바라본다.

얼마 전 여행길에 공주 갑사에서 본 석불이 생각난다.

부드러운 눈빛으로 지그시 바라보시던 한량없는 자비의 표정. 나 역시 입가에 미소를 띠며 부처님의 마음으로 바라본다. 나는 삶이라는 꿈을 지켜보는, 경험의 흐름을 자각하는, 또 하나의 의식이 된다.

나의 아침 명상은 혼자서 하는 수행이 아니다.

거실에 나를 중심으로 여럿이 함께하는 의식이다. 나와 더불어 주위의 크고 작은 14개 화분의 식물들과 소파 위 비글과 푸들, 두 인형 친구도 동참하는 집단 수행이다. 그들에게 명상 수행은 늘 하는 일일 터이다.

그들은 각자의 자리에서 침묵하며 옆 친구들을 의식하지 않고, 타고난 본성에 따라 자연스럽게, 오롯이 자신만의 삶에 집중한다. 언제나 그렇듯 당당하고 늠름하다. 자신에게 주어진 상황에 불평하지 않고, 다른 친구들을 부러워하지도 않고, 자신만의 개성을 마음껏 발산한다. 나 역시 명상의 고수인 그들과 함께 명상하노라면 언젠가는 그들과 같은 반열에 오르지 않을까.

아침에 하는 또 하나의 수행에 아몬드와 함께하는 시간이 있다.

나는 아내와 나의 아침 식사로 바나나와 견과류, 우유를 섞어 믹서기에 돌려 준비한다. 그 과정에서 브라질넛, 호두, 아몬드 등 견과류를 세척하는데, 특히 아몬드를 씻을 때 색다른 경험을 하곤 한다.

가는 그물채에 아몬드 스무 알 정도를 넣고 개수대의 수도꼭지를 튼다. 콸콸 쏟아지는 물이 아몬드 알갱이들 위로 떨어진다. 오랫동안 잠자고 있던 아몬드의 감각 세포들이 서서히 눈을 비비고 깨어나, 촉촉이 젖어오는 습기를 반갑게 맞이한다. 이 얼마나 기다렸던 만남인가? 나의 의식은 아몬드와 하나가 된다.

나는 캘리포니아 농장에서 태어나 한낮의 강한 햇볕과 간간이 뿌려주는 시원한 빗물을 즐기며 성장하였다. 2월 중순이면 반 고흐(Vincent van Gogh)가 즐겨 그리던 하얀 아몬드꽃을 흐드러지게 피워 밤낮을 훤히 밝히곤 했지. 오뉴월에는 마을 사람들이 모두 농장으로 나와서 춤을 추고 포도주 파티를 벌이며 즐거워했었지. 곁에서 지켜보는 나까지 좋았어. 그러다가 나는 때가 되어 수확이 되었고, 인연이 다하여 꽁꽁 감싸이고 포장되어 큰 선박에 실려 태평양을 지나 어디론가 가게 되었지.

여기까지 오는 동안 오랜 기간 수분을 접하지 못해 너무나 목이 말랐던 터라, 지금 온몸으로 쏟아지는 물은 나에겐 감로수와 같이 너무 달고 시원하다.

나는 아몬드의 활짝 열어젖힌 감각세포들의 마음과 하나가 되어 세포 구석구석에 와닿는 축복의 감로수를 의식하며 행복에 젖는다.

이렇게 친구들과 함께하는 아침 명상 수행은 행복하다.

행복 만들기 프로젝트

저녁 산책을 나선다.

갑자기 추워진 날씨로 중무장을 하였지만 추운 기운이 몸에 스며온다. 가슴이 움츠러지고 보폭은 점점 줄어들어 정신까지 추위에 빼앗긴다. 한참을 가다 보니 며칠 전에 썼던 글이 생각났다.

'행복 만들기 프로젝트'!

지금이야말로 이 프로젝트를 시험해볼 절호의 기회라고 생각했다. 지금의 힘든 상태를 행복한 상태로 전환하는 일이다. 나는 즉각 작업에 착수했다.

과거 60여 년 동안 뇌의 DB에 저장된 정보 중, 추운 겨울에 체험한 행복했던 기억을 지금 여기에 소환시키는 일이다. 검색 키워드를 '겨울', '행복', '감동' 세 단어로 하여 구글보다 100배나 빠른 강력한 검색엔진을 구동시킨다. 명령하자 뇌 속에서 바삐 돌아가는 모래시계가 보인다. 몇 분도 채 지나지 않아 크고 작은 동영상들이 속속 튀어나온다.

맨 먼저 떠오르는 영상은 영화 〈러브스토리〉의 한 장면.

뉴욕 센트럴파크에서 라이언 오닐과 알리 맥그로우가 눈싸움을 하며 눈밭을 구르고 두 팔을 활짝 뻗으며 뒤로 넘어지는 장면이다. 귀에 익은 감미로운 배경 음악이 은은하게 울려 퍼지고, 뇌에선 도파민을 퐁퐁 쏟는다. 행복하다. 직접 체험한 것도 아닌데 뇌 속에 선명한 이미지로 저장되었던 듯싶다.

이 영상이 지나가자 곧이어 애잔하면서도 포근한 목소리가 귀속으로 흘러 들려온다.

"똥브~라 네~즈어(Tombe la Neige)"

아다모의 노래가 들려오자, 입가엔 미소가 번지고 몸에선 행복 바이러스가 퍼져 나온다. 추위는 흔적도 없이 사라지고 아다모와 함께 걷는 발걸음은 가볍고 활기차다.

이렇게 노래를 흥얼거리며 한참을 걷다 보니, 또 한 영상이 나를 기다리고 있다.

50여 년이 지난 세월을 거슬러 올라간다. 서울로 유학하여 맞은 첫 겨울(1967년)은 유난히도 추웠다. 형과 할머니 그리고 나, 세 식구가 사직동 산비탈의 부엌 없는 단칸방에서 지내던 때였다.

할머니가 새벽에 밥을 지으려고 바깥에 나가기 위해 옷가지를 주섬주섬 챙기신다. 추위에 대비하기 위해 한참 동안 얼굴과 몸을 꽁꽁 감싸시는 할머니, 그리고 이 모습을 웃풍이 심한 방에서 이불을 뒤집어쓰고 빼꼼히 내다보는 내가 있다. 비록 밖은 매서운 바람이 불었지만, 세 식구 마음만은 따뜻하고 행복했다. 그때의 바깥 칼바람에 비하면 지금의 이 추위는 아무것도 아니다. 움츠렸던 가슴을 쭉 펴고 팔다리를 힘차게 뻗는다.

이어서 떠오르는 또 하나의 나!
군에서 제대하고, 한 해 동안 L 백화점 취업으로 학비를 벌어 복학한, 3학년 겨울방학 때의 장면이다. 대학 도서관에서 전공인 경제학 공부는 뒷전이고 그동안 읽고 싶었던 스피노자의 《에티카》, 칸트의 《순수이성비판》, 아리스토텔레스의 《니코마코스 윤리학》, 그리고 야스퍼스, 키르케고르 등 실존철학자의 책을 몰입하여 읽고 있는 내가 보인다.
유신 헌법이 만들어진 후에 5.18로 이어지던 그 당시, 데모로 얼룩지고 최루탄으로 눈을 비비던 암울한 현실이었지만, 나의 내면의 신념과 정신은 건드리지 못하였다. 현실이 힘들면 힘들수록, 더욱 책과 음악에 빠져들었다. 특히 베토벤의 음악을 들을 때면 나는 세상의 누구보다도 더 행복했다. 이렇게 행복은 혼자 오지 않았다. 언제나 힘든 현실과 함께 왔다.

아련한 옛 추억에 흠뻑 젖다 보니 어느새 집에 도착하였다.
아직도 열어보기를 기다리는 영상이 꽤 남아있었다.
아쉽지만 그 영상은 다음 산책 때까지 보류할 수밖에.

오늘의 '행복 만들기 프로젝트'는 처음 시도해보는 것이지만 일단 성공이다.

힘들었지만 행복했던 추억들을 불러와 추운 날씨에도 즐겁게 산책을 마무리할 수 있었다.

참으로 기분 좋은 행복 체험이었다.

나만의 행복

미국 NBC방송 인기 프로그램인 〈아메리카 갓 탤런트(AGT)〉에서 최근, 또 한 번의 골든 버저가 울려 수많은 시청자의 가슴을 울렸다. 이 영상은 유튜브 업로드 하루 만에 조회수 600만을 훌쩍 넘겼다.

이번 AGT에서 주인공이 된 사람은 제인 마르크제프스키(30세)라는 이름의, 가냘픈 몸매의 현역 가수였다. 노래하기 전 간단한 인터뷰에서 그녀는 폐와 척추 그리고 간까지도 암이 전이되었다고 하였다. 그렇게 말하는 그녀의 표정은 전혀 암 환자의 것이 아니었다. 밝은 표정과 잔잔한 미소가 아름답기만 하였다.

이어서 그녀는 1분 50초의 짧은 자작곡인 '괜찮아(It's O.K)'를 노래한다.

극심한 한계상황에서도 노랫말에서 힘든 이의 등을 토닥이듯 속삭인다.

"지금 길을 잃었습니까?
우리도 마찬가지예요.
그러니까 괜찮아요, 괜찮아요, 괜찮아요!"

그리고 '가끔은 길을 잃어도 괜찮다'고 노래하며 듣는 이의 손을 따스하게 잡아준다. 우리의 삶이 있는 그대로 충분한 것이기에, 욕심내지 말라고 따끔하게 일침을 가하는 것 같다.

노래가 끝나자 방청석에서 박수갈채가 쏟아지고, 심사위원들의 감동 어린 코멘트가 이어졌다.
"노래의 진정성에 공감하고 감동하였다."
"노래 한 음 한 음이 강력하게 심장에 파고들었다."
"이 노래는 우리가 꼭 들어야 하는 진실한 노래다."

그렇다!
진정성이야말로 오늘날 온갖 거짓과 과장이 난무하는 시대에 꼭 필요한 게 아닐까?

드디어 최종 심사 결과가 발표되었고, 그녀의 노래는 골든 버저를 울리게 되었다. 그녀는 환희와 기쁨에 차서 두 손으로 얼굴을 감싸고 무릎을 꿇었고, 온 방청석은 감동으로 출렁거렸다. 이어진 간단한 인터뷰에서 그녀는 담담히 말한다.

"지금 저의 생존확률은 2%입니다. 그런데 2%는 0%가 아닙니다. 2%는 대단한(something) 겁니다. 저는 사람들이 그것이 얼마나 놀라운지 알았으면 좋겠어요."

가슴이 뭉클해지는 말이다.

2%가 부족한 상황에서 불충분하다고 불평하는 사람이 있는 반면에, 2%밖에 남지 않은 상황에서도 그걸로 충분하다고 하는 사람이 있다는 게 너무 신기했다.

그렇구나!

행복은, 이렇게 극단적인 상황에서도 내가 어떤 관점으로 그 상황을 해석하고 받아들이는가에 달려있구나!

이어 그녀는 한마디 덧붙인다.

"인생의 어려움이 사라질 때까지 기다리고 있을 수 없었어요. 그래서 내가 먼저 행복하기로 결심했어요."

최악의 상황 속에서도 포기하지 않고, 내가 내 삶의 주인으로서 나의 행복을 결정하겠다는 자세, 이것이 바로 나의 좌우명인 '수처작주(隨處作主)의 삶'이 아니겠는가.

감동적이었다.

행복하기로 결심한 사람에게는 암도 어쩔 수 없는 듯싶었다.

It's OK!

문득 얼마 전 책에서 읽었던 내용이 떠오른다.

저자는 정신건강의학과와 신경과 전문의인데 명리학과 주역을 공부하여 박사학위를 받은, 특이한 경력을 가진 사람이다. 그는 말한다.

흔히 '타고난 사주는 못 바꿔도, 팔자는 바꿀 수 있다'라는 말이 있는데, 이는 팔자를 이루는 오행, 기의 흐름을 노력으로 바꿀 수 있다는 것을 의미한다. 나는 실제로 임상에서 많이 봐 왔다. 이론적으로 좋지 않은 사주를 갖고 있어도 자신이 노력하여 큰 성취를 이루는 사람도 있고, 그 반대인 사람도 정말 많다.

(출처: 양창순, 《명리심리학》, 다산북스, 2020)

제인 역시 타고난 가혹한 운명에도 불구하고, 맞닥뜨린 현실을 있는 그대로 수용하고, '괜찮아(It's O.K)'를 노래하며 훌훌 털고 일어나 자신만의 삶을 당당하게 걸어간다. 그녀는 기꺼이 긍정적 관점으로 행복하기를 선택하여 팔자를 바꾼 것이다.

나의 지난 삶을 천천히 되돌아본다.

세상은 내가 바라는 대로 흘러가지 않았다. 때로는 따뜻하기도 했지만, 대체로 춥고 황량한 세상을 살아오면서 남들이 다 가길 원하는 그럴듯한 길을 나 역시 부단히 찾아 헤매었다. 나름대로 꿈의 청사진을 그렸다가 허물고, 다시 그리기를 반복하며 신기루를 쫓아다녔다.

그러나 세상 어디에도, 발견되기만을 기다리던 '궁극의 해답' 같은 건 없었다. 무심한 구름 사이로 언뜻 보이는 한 줄기 빛을 따라, 생각하고 성찰하면서 스스로 길을 만들어야 했다. 세상에서 이미 제시해놓은 답안에 얽매이지 않고, 나만의 의미 있는 길을.

지금도 열심히 한다고 하지만 여전히 부족하다. 배워서 채워놓는다고 하지만, 종종 헛다리를 짚어 실패를 경험하기도 하고, 나의 의지와는 상관없이 원하지 않는 상황에 직면하게 되곤 한다. 그럴 땐 가던 길을 멈추고 조용히 나를 들여다본다.
'이 상황이 나에게 던지는 메시지가 뭘까?'
나의 몸의 소리, 영혼의 소리에 귀를 기울인다.

지금 내가 할 수 있는 것부터, 내가 할만한 가치와 의미가 있다고 판단되는 것부터, 서두르지 않고 당황하지 않고 해나가자고 다짐한다. 이것이 진정 지금 여기에서 내가 해야 할 일이다. 그 외의 일은 나의 과제가 아니라 삶이 알아서 할 것이다.
우리는 무상하기 그지없는 일시적 존재지만 자기 성찰을 통해 대상에 가치와 의미를 부여하고 내가 선택한 길을 걸어갈 수 있는 특별한 존재이기도 하다.

일상에서 내면의 눈으로 보고 경험하고 깨달은 순간순간은 소중한 시간이었다.

매일 아침 거실에서 만나는 모락산 봉우리 사이로 떠오르는 태양의 장엄함,
산책하며 만나는 푸들 강아지의 팔랑대는 꼬리의 명랑함,
비 온 뒤 연못가 개구리들 합창에서 느껴지는 생명의 약동,
태양을 향한 빨간 접시꽃의 해맑은 열정, 그리고 더러 유튜브에서 보는 감동적 장면들.

일상에서 경험하는, 이런 사소하지만 짜릿짜릿한 주관적 경험들이야말로 나의 몸과 마음을 정화시키는 카타르시스요, 나만의 행복의 원천이다.

습관의 힘

아침 눈을 떠보니 7시 반이다. 평소보다 한 시간 반이나 더 잤다.
주말만 되면 몸이 어떻게 주말을 감지했는지 게으름을 피운다. 머릿속에서 아무리 일어나라고 소리를 질러도 몸은 꿈적도 안 한다. 연속 알람으로 깨우기 전에는 들은 척도 안 한다.
신기했다.
직장을 그만둔 지가 언젠데 아직도 몸이 기억하고 반응하다니!
놀랍기도 하지만 한편으로 이해가 되기도 한다. 퇴직 후 집에서 잠시 쉬었던 기간을 제외하더라도, 총각 때부터 무려 30년 이상 직장생활을 해왔으니 그럴만도 하다고 생각되었다. 재미로 계산을 해봤다. 매년 50번의 주말을 맞는다면 대략 1,500번 이상의 주말을 경험한 것이다.

몸은 거짓말을 못 하는구나!
습관은 이렇게 힘이 세다.

그러니 몸을 탓할 수는 없다. 습관은 내가 길들여서 이렇게 만든 것이니 누굴 탓하겠는가? 모두 내 탓이다. 지금부터라도 고쳐야 할 습관에 대해서는 연민의 눈길을 주면서 이렇게 속삭여주면 어떨까.

"그동안 나 때문에 수고가 많았구나!
이제부터는 더 수고하지 말고 푹 쉬렴!"

습관의 힘이 이렇게 강력하다면 우리는 적극적으로 긍정적인 습관을 발굴하고 조장해나가는 것이 바람직할 것이다. 뇌의 에너지 자원은 한정되어있어서, 에너지 효율이 뛰어난 습관의 성질상 적은 노력으로 큰 효과를 기대할 수 있기 때문이다.

미국 소설가 앤서니 트롤럽(Anthony Trollope)은 이렇게까지 말한다.

"아무리 적은 분량의 작업이라도 매일매일 습관적으로 해낸다면, 헤라클레스의 업적도 넘어설 수 있다."

실제로 많은 예술가나 작가들이 이런 습관의 힘을 활용하여 작업을 생산적이고 효율적으로 해내고 있었다.

안무가 '트와일라 타프'는 매일 동이 틀 때 일어나 택시를 잡아타고 헬스장으로 향했고, 화가 '로스 블레크너'는 매일 신문을 읽고 명상을 한

다음, 오전 8시쯤 화실에 도착한다. 또한 소설가 헤밍웨이는 무슨 일이 있어도, 반드시 하루에 500단어씩 글을 썼다.

(출처: 댄 애리얼리 등, 《루틴의 힘》, 조슬린 K. 글라이 엮음,
정지호 번역, 부키, 2020)

세상의 방해로부터 자신을 지키는 혼자만의 의식(리추얼)을 습관화하는 사람들의 예는 적지 않다. 그중 우리가 잘 아는 독일 철학자 칸트의 이야기는 유명하다.

칸트는 독일의 한적한 곳에서 평생 독신으로 살았는데, 잠자리에서 일어나 커피를 마시고 글을 쓰고 강의를 하고 식사를 하고 산책을 하는 등 모든 것을 정해진 시간에 했다고 한다. 그가 잿빛 코트를 입고 스페인 지팡이를 손에 쥐고 집 밖에 나오면 이웃들이 정확히 3시 30분이라는 걸 알 수 있을 정도였다.

또 작가 찰스 디킨스는 아침 7시 기상하여 9시부터 오후 2시까지 꼼짝하지 않고 작업을 하고 식사를 했다. 오후 2시에 서재에서 나와 시골길이나 런던 시내를 3시간 산책하며 소설의 줄거리를 구상하였다고 한다. 음악가 차이콥스키는 아침 7~8시에 기상하여 차를 마시고 독서를 한다. 9시 30분부터 12시까지 작업을 하고 점심 식사 후 2시간 산책하고 다시 저녁 5시부터 7시까지 작업을 하였다.

나의 경우, 아침 식사 후 차를 마시며 3시간 글쓰기, 식사 후 설거지하기, 점심, 저녁 식사 후 한 시간 산책하고 두 시간 책 읽고, 아침, 저녁 잠자리에서 15분간 스트레칭 등 나만의 습관을 만들어가고 있다.

지난 경험으로 봤을 때, 좋은 습관은 긍정적인 정체성에도 영향을 끼치는 것 같다. 흔들리지 않는, 균형 잡힌 조화로운 삶을 사는 데에도 큰 역할을 하기 때문이다. 또한, 좋은 습관은 순간의 갈등에서 벗어나 만족스러운 삶을 살게 해준다.

이러한 습관(리추얼)은 사소하고 단조로운 반복으로 보이지만 자신을 의미 있는 존재로 만든다. 반복되는 일상에 진정한 삶이 있고, 그 삶은 의미와 가치가 있다.

(출처: 메이슨 커리, 《리추얼》, 강주헌 역, 책읽는수요일, 2014)

산책의 위력

얼마 전부터 아침에 책상에 앉으면 습관적으로 써왔던 글이 쓰이지 않았다.

펜을 잡아도 생각이 떠오르지 않는다. 조급한 마음에 이것저것 생각의 단서를 찾아보기도 했지만, 뇌가 쉬 따라주지 않는다.

웬일일까?

나이가 들어서 사유의 근육이 퇴화하고 감성의 호수가 메말랐나? 이제 상상력이 바닥이 났나? 등등 이것저것 유추해봤지만 명쾌하게 그 원인을 찾을 수가 없었다. 전업 작가로서 새롭게 시작한다고 마음먹은 게 엊그제인데, 이럴 수가!

기분이 살짝 꿀꿀했다.

며칠이 지나서야 비로소 그 원인을 찾을 수 있었다.

그것은 바로, 산책을 제대로 하지 못했기 때문이었다.

그랬다.

지난주엔 영하 20도를 오르내리는 쌀쌀한 날씨 때문에 점심이나 저녁 식사 후에 으레 해오던 산책을 겨우 한 번밖에 하지 못했다.

추위를 핑계로 게으름을 피웠다. 그 결과 거의 매일 써왔던 글을, 지난주에는 겨우 한 번밖에 쓰지 못한 것이다.

늦게나마 산책의 중요성을 깨달았으니 다행이었다.

그동안 의학 전문의나 걷기 관련 책을 통해서 산책을 꾸준히 하면 혈액 순환이나 뇌 건강, 하체 근육 강화에 도움이 된다고 귀가 따갑도록 들어왔지만, 사실 실감이 나질 않았다. 머릿속에 건조한 기억으로만 남아있던 터였다.

그런데 오늘 알게 된 것은 산책이 육체적인 건강뿐 아니라 정신적인 활동에도 크게 도움이 된다는 사실이다. 나는 그동안 식사 후 산책하는 동안 생각났던 걸 산책 후에 간단히 메모했고, 그 메모가 다음 날 아침 글을 쓰는 데 중요한 모티브가 되었다는 것을 상기하였다. 이렇게 산책은 글쓰기에 있어서 필수 불가결한 통과 의례 역할을 해왔다. 나에게는 육체적인 건강도 중요하지만, 더 중요하게 생각하는 글쓰기에도 산책이 큰 역할을 하는 걸 새삼 깨닫게 되었다.

그렇다면, 요즘 '시 쓰기'도 지지부진한데, 이것도 혹시 모락산 산책을 제대로 하지 않아서 그런 건 아닐까? 가을에만 해도 열심히 다니던 모락산 산책을 겨울 들어서는 한 번도 하지 않았던 터였다. 그런 이유 때문일까? 올겨울 이후 시를 한 편도 쓰지 못했다.

나에게 산책은 생존의 확인이요, 정신적 활동의 양식이었다. 오늘에야 이 친구의 진가를 확실히 인식할 수 있어서 막혔던 가슴이 뻥 뚫리는 듯하다. 시원하다.

이 추위가 뭘 그리 대단하다고 나의 생존까지 위협하도록 내버려 둘 수는 없다. 오래전 군에 갓 입대해서 하사관학교에 차출되어 호된 훈련을 받았던 시절이 문득 생각났다.

무려 40여 년이 지난 아주 옛날, 정월 한겨울의 이야기다.
그때도 지금처럼 엄청 추웠다. 입교한 지 얼마 되지 않아서 사격훈련을 받았을 때였다. 총의 영점을 제대로 잡지 못해 얼차려(기합)를 받게 되었다. 사격장 뒤쪽에는 조그마한 호수가 있었다. 그 차가운 호수에 훈련복을 입은 채 들어가 '뒤로 취침', '앞으로 취침' 구호에 맞춰, 동료와 어깨동무를 한 자세로 몇 번을 반복하며 뒹굴었던 기억이 지금도 생생하다. 추위에 온몸이 덜덜 떨리고 딱딱 이빨 부딪치는 소리가 났다. 지금은 그때를 회상하며 빙그레 미소 짓지만, 지옥이 따로 없었다. 지금의 이 추위는 그때와 비교하면 아무것도 아니다.

그래, 이제부터 추울 때는 그때를 생각하자!
지금 이 추위를 다행으로 생각하며 미소 지으며 느긋하게 산책을 하자!
이제 산책을 가로막는 짓궂은 장애물은 눈 녹듯 사라져버렸다.
이렇게 옛 시련은 지금 살아가는 데 한몫을 하게 되었다.
우리가 겪게 되는 어떠한 시련도 버릴 것이 없구나!

작지만 알찬, 또 하나의 깨달음도 덤으로 얻었다.

가족이라는 것의 의미는

가족의 의미는 뭘까?
며칠 전 TV에서 가족 드라마를 보며 문득 이런 의문이 들었다.

옛날 내가 어릴 적에는 뭔가 잘못 먹어 체하기라도 해서 앓아누워 있으면, 온 식구가 근심 어린 표정으로 들여다보며 진한 관심을 보였다. 할머니는 곧바로 동네 용한 할머니에게 나를 데리고 가서 손가락 끝을 따고 배를 한참 주무르게 한 뒤에 검은색 환약을 받아 나에게 먹이셨다. 이렇게 한바탕 일을 치르고 나면, 가족들은 저마다 "이제 배가 좀 괜찮니?"라는 둥 더욱 관심을 가지고 살갑게 나를 대하곤 했다. 나는 가족들의 한마디 한마디 따뜻한 배려에 힘을 낼 수 있었고, 미안함을 느낌과 동시에 마치 큰일이라도 한 것처럼 살짝 우쭐해지기도 했던 것 같다.

그런데 요즘은 어떤가?
아이가 몸살이라도 나서 열이 나면 해열제 한 알을 주거나, 그래도 열이 잘 식지 않으면 동네 병원에 가서 주사 한 방이면 상황이 끝난다. 간단하다. 가족끼리 다 함께 사는 경우가 드물지만 설사 있다고 해도 관심거리나 걱정거리도 안 된다. 이렇게 쉽게 치료가 되어 좋기야 하지만, 따스한 정이 오가는 가족으로서의 일체감이나 보살핌을 받고 있다는 든든함을 느낄 수 있는 기회는 점점 사라지고 있는 것 같아, 한편으로 아쉽기도 하다.

그렇다고 옛날로 돌아가고 싶은 건 아니다. 돌아갈 수도 없다. 다만 물질문명이 발달함에 따라 생활은 더욱 풍요롭고 여유로워졌지만, 점점 개인주의화되고, 시간이 곧 돈이 되는 현실에서 시간에 쫓기다 보니 가족 간의 접촉 시간은 더욱 짧아지고, 인간에 대한 따뜻한 관심이나 배려도 점차 줄어가는 건 아닌가, 염려된다. 극심한 경쟁 속에서 스트레스로 지친 마음을 가족이나 친구 간 대화보다는 인터넷 게임이나 스마트 폰으로 풀며 살아가는 젊은이들의 삶이, 내가 젊었을 때보다 더 행복해 보이지 않는 건 웬일일까?

사람은 물질만으로는 살아갈 수가 없다. 눈에 보이지 않는 것이 눈에 보이는 것보다 더욱 가치 있을 때가 많다. 아니 정작 소중한 것은 눈에 보이지 않는 것일 듯싶다. 우리는 눈에 보이는 것에 더 정신을 팔며 사는 건 아닐까? 시간의 수레바퀴를 되돌릴 수는 없지만, 시대의 흐름에 순응하되 중요한 것과 중요하지 않은 것의 균형감각을 잃지 말아야 할 터이다.

요즘 의미가 퇴색되어가는 '가족'이 주는 의미란 어떤 것일까?
서양에서 발달한 개인주의와는 달리 공동체 의식이 강한 동양의 문화권에서 가족은 오늘날에도 여전히 중요하고 끈끈한 관계로 맺어진 소집단이다. 단순히 피를 나누고 같이 산다는 이유만으로 타자에게 갈 사랑까지도 끌어당길 정도의 강력한 힘이 있다.

갈수록 각박해지는 세상살이에서 무엇보다도 든든한 의지처는 가족이 아닐까 생각해본다. 아이에게 홀로 설 수 있는 꿈과 희망을 주는 것도, 시련의 늪에 빠진 젊은이를 구출하는 것도, 사업에 실패한 가장에게 재기의 용기를 불어넣는 것도, 가족의 따뜻한 위로와 격려의 한마디에서 비롯되었다는 수많은 체험담을 우리는 흔히 접하게 된다.

문득 오래전 삼풍백화점이 무너졌을 때, 건물 잔해더미에서 17일 만에 구출된 박승현 씨(당시 19세)의 사례가 생각난다. 그녀가 좁은 공간에 갇혀 굶주림과 극도의 공포 속에서도 끝까지 버텨 살아남게 된 힘은 바로 가족과 함께한 여행 등 가족과 행복했던 시간을 반추하는 것이었다고, 구출된 후 인터뷰에서 한 말이 떠오른다. 이렇게 가족은 우리가 힘한 세상을 살아갈 수 있는 든든한 버팀목이자 최후의 보루인 것이다.

반면에 가족 간에 사이가 틀어져 오해나 갈등으로 인해 더욱 관계가 멀어지는 사례도 자주 보게 된다. 부부간, 부자간, 또는 형제(자매)간 불화가 생길 뿐 아니라, 심지어는 죽을 때까지 웬수가 되기도 한다. 때로는 가족 간의 지나친 사랑과 관심이 갖가지 문제를 야기하기도 한다. 가족이기 때문에 사랑이라는 명분으로 오히려 구속하고 통제하게 되어 더욱더 서로를 힘들게 하는, 웃지 못할 아이러니가 발생하는 것이다. 가족에 대한 소유욕과 지배욕에서 벗어나지 못한 어처구니없는 결과이다. 해답은 사랑의 균형 잡힌 실천에 있을 듯싶다.

  우리는 가족을 더욱 소중하게 생각해야 한다.
  과거의 어떤 인연으로 만나게 되었는지 아무도 모른다. 불가(佛家)에서는 가족은 과거 무수한 생을 통하여 그 누구보다도 귀하고 힘든 인연으로 만나게 되었다고 한다. 이렇게 힘들게 만나게 된 인연을 허투루 보내서는 안 된다. 가족이기에 더욱 말과 행동을 조심하고 상대를 독립된 대등한 인격체로서, 동시대를 함께 살아가는 동반자로서, 존중하고 배려하여야 한다. 다음 생 어디에서 다시 만나게 되더라도 "그때는 참 행복했었다!"라고 얘기할 수 있도록 말이다.

  최근 유튜브에서 보았던 한 영성 관련 영상을 본 후, 가족에 대한 나의 신념이 다음과 같이 더욱 공고해졌다.

  첫째, 가족은 '또 다른 나'라는 관점이다.
  우연히 한집안에서 태어나 혈연관계로 형성된 일원이 아니라, 오랜 기간 인연을 맺어온 나의 '분신'이라는 생각이다. 내 곁에서 나를 도와주기 위해 기꺼이 이 세상에 온 '또 다른 나'인 것이다. 나는 가족의 범주를 나의 부모, 형제(자매), 배우자, 아이 등 협의의 가족뿐 아니라 친한 친구, 스승까지 포함하고 싶다.
  가족은 나와 하나로 연결되어있으니 나와 경쟁하는 대상이 아니다. 나의 욕심 많고 좁은 시각을 가진 에고의 유혹에서 벗어나, 가족을 열린 가슴으로 이해하고 관용을 베풀어야 할 것이다. 물질이나 권위 그리고 어떤 이념보다도 가족의 가치를 앞에 두고 싶다. 그러니 눈앞의 물질에 정신이 팔려 아이의 양육을 소홀히 한다든지, 나만의 이익이나 타인의 시선을 의식하여 가족을 희생하는 등의 어리석음을 범해서는 안 된다. 오직 내가 가족의 마음으로 생각하고 판단하고 행동한다면 무리가 없을 것이다.

다음으로, 가족에 대한 조건 없는 사랑의 실천이다.
가족 사랑에 따른 지나친 기대감이나 가족에게 부담을 갖게 하는 것은 또 다른 문제가 될 수 있다. 기대가 커질수록 실망과 미움으로 바뀌어 원망과 분노로까지 이어질 수 있으며, 부담을 갖는 가족은 죄책감이나 자괴감으로 괴로움에 처할 수도 있다. 가족에 대한 조건 없는 사랑으로 충만했을 때 비로소 가족은 하나가 된다.
가족은 곁에 있는 것만으로도, 연민의 눈으로 지켜봐주는 것만으로도 힘이 되는 존재이다. 지나친 관심과 애착으로 가족의 삶을 간섭하고 통제하려는 것은 바람직하지 않다. 사람은 누구나 각자 고난과 역경을 통하여 배우고 성장해가야 하기 때문이다. 겪어야 할 일은 언젠가 겪게 될 것이고, 될 일은 된다는 게 나의 정신적 멘토들로부터 배운 나의 신념이기도 하다.

마지막으로, 가족의 사랑은 나를 사랑하는 것으로부터 시작한다는 점이다.

가족은 나의 '또 다른 나'이기 때문에, 무엇보다도 나를 사랑하는 것은 곧 가족에 대한 기쁨으로 연결될 터이니 무엇보다도 나부터 사랑하자는 것이다.

문득 에크하르트가 한 말이 떠오른다. "만일 그대가 그대 자신을 사랑한다면, 그대는 모든 사람을 그대 자신을 사랑하듯 사랑할 것이다."

나의 사랑의 외연이 가족이나 주위 지인뿐 아니라 지역, 사회 및 모든 생명체를 아우르는 지구공동체로까지 확대된다면 더 바랄 나위가 없겠다.

문득 유튜브의 어느 최면 상담 채널에서 인상 깊게 들었던 말이 떠오른다.

상담가가 최면에 든 내담자에게 묻는다.

"자~ 이제 미래로 이동합니다. 현생을 바라보게 됩니다. 자~ 현생의 삶에서 제일 행복한 순간들을 떠올려보세요. 현생의 기억 중 어떤 모습일 때 제일 행복했나요?"

내담자가 행복한 표정을 지으며 대답한다.

"보여요. 온 식구가 집 안 식탁에 모여있어요. 식탁 위엔 김이 모락모락 나는 된장찌개와 김치, 나물 등 반찬과 밥과 아욱국이 있고 식탁 주변으로 온 식구가 둘러앉아 즐거운 표정으로 얘기를 나누며 식사를 하고 있어요. 이때가 제일 행복했어요."

의외의 대답이었다!
우리가 매일 경험하고 있는 일상의 소박한 식사 시간이 가장 행복했다니!

그러고 보니 행복이라는 게 별것 아니었다.
평범한 일상의 한 장면, 특별하지도 않고 더군다나 매일 반복되는 일로 지루하다고 생각했던 그 시간이 가장 행복한 순간이라는 것을 우리는 너무 늦게야 깨닫게 되는 건 아닐까?

행복에 필요한 것은 이미 전부 갖춰져있었다.
이제 일상의 행복을 향유하기만 하면 된다.
오늘 저녁, 가족과 함께하는 식사가 기다려진다.

산책길에서

늦가을 산책길

땅은 낙엽으로 몸을 감싸고
하늘은 가렸던 파란 얼굴을
살포시 드러낸다

세상은 온통 붉게 물들어
경계가 사라지고
나는 길 없는 길을 간다

돌아오는 길
한 가닥 바람이 놀자고 칭얼대어
움츠려온 몸이 용기를 낸다

그래
한바탕 놀자고
마음의 문을 연다

친구와 나는
경계 없는
한마음이 된다

아이는 다가와
가슴을 파고들어 안겨
놀다가 슬그머니 물러난다

아이의 마음을 헤아리니
이 친구도 나를 배려하여
투정 부리지 않고 돌아간다

미워할 수 없는 사람들

여태 올라온 산등성이를
뒷짐을 지고 느긋하게
굽어본다

고향 떠나
마음이 고운 사람 만나
행복했고

때로는
짓궂은 아이들 만나
힘겨운 씨름을 하고

몇 고개 돌아
또 한 떼의 사람들과도
한바탕 소란을 벌였다

자욱한 안개 속에
막막하여 헤매던 길이
이 사람들 덕분에

눈이 뜨이고
귀가 밝아지고
다리에 근육이 붙어

어디로 가야 할지
어떻게 해야 할지
배우며

지금 여기까지
힘은 들었지만
오롯이 두 발로 오를 수 있었네

결코 미워할 수 없는
사람들 도움으로

에스컬레이터 단상

병원 에스컬레이터를 타고
서서히 내려간다
내 삶도 조금씩
땅속을 향해 들어간다

일체의 언어가
끊어지고
생각이 사라진
고요 속에서

나를 들여다보는
또 하나의 세계가
전개된다

에스컬레이터를 타고
서서히 올라간다
논쟁과 소음, 웃음이 혼재된
세상 밖으로

바람처럼 스쳐 지나가는
바쁜 걸음으로
시간을 짜내는 사람들에게
지구는 너무 느리다

삶은 죽음을
그리워하고
죽음은 또
다른 삶을 동경하고

삶과
죽음은
일란성 쌍둥이다

옛 추억을 찾아서

오늘은 대학 후배인 J 상무와 함께 모교에 가기로 한 날이다.

4월 화창한 봄날, 오랜만에 아름다운 교정을 천천히 걸으며 옛 정취에 흠뻑 젖어보고 싶었다. 마음이 설렜다. 몇 년 만인가?

졸업 후, 딱 한 번 모교를 방문했던 기억이 떠오른다.

결혼하고 큰아이 준호가 아장아장 걸음마를 배울 때였다. 작은아이 진호는 엄마 배 속에서 놀고 있었던, 그날도 화창한 봄날이었던 것 같다. 모교 본관 분수대 앞에서 활짝 핀 벚꽃과 목련꽃을 배경으로 우리 네 식구가 찍힌 앨범 속 사진이 옛 기억을 상기시켜주었다.

그러니 이번이 정확히 34년 만의 방문이다. 영상으로는 작년 이맘때 오늘 같이 가기로 한 J 상무가 모교를 방문하여 찍었던 동영상을 유튜브에 올린 걸 봤지만 말이다. 그 영상을 보면서도 감회가 진하게 일어났는데, 오늘 내 눈으로 직접 캠퍼스 구석구석 둘러본다고 생각하니 벌써 마음은 대학 시절로 가있다.

목적지인 회기역으로 지하철을 타고 가다, 문득 청량리에서 내려 옛날 살던 동네를 한번 둘러보고 싶었다. 고등학교 시절에서 대학에

걸친 2~3년 동안 비록 자취생활로 쪼들리긴 하지만 마음만은 풋풋했던 아름다운 추억들이 곳곳에 스며있는 정감 어린 동네였다.

천천히 동네를 이곳저곳 두리번거리며 기억을 더듬으며 걸었다. 이곳은 재래시장 정육점이 있던 곳이었고, 저곳은 큰 아버님 가게가 있던 자리, 저 집은 법원 다니시던 고모부님 가족이 사시던 곳이고, 이 골목은 우리 집으로 가는 길목이었지. 그러나 아무리 더듬어봐도 내가 살던 집은 흔적도 없다. 덩그러니 3층 건물이 있을 뿐이었다. 옛날 그 집에서 대학 1학년 때 아이들 과외를 가르쳤고, 그 수입으로 세운상가에 가서 싸구려 전축을 조립하고 레코드를 사 모으며 음악에 빠져들기 시작했었지. 힘들었지만 행복했던, 빛바랜 추억들이 속속 얼굴을 내민다.

세월은 이 추억을 그냥 내버려두지 않았다.

지금 큰 도로 옆은 현대식 건물로 채워지고, 기억에 아련히 남아 있던 옛 골목에는 주민들의 이주를 알려주는 재개발조합의 현수막이 나붙어있었다. 이주를 앞둔 집 앞 몇몇 공터에는 쓰레기더미가 쌓여있고. 이제 얼마 후면 옛 추억의 흔적은 자취도 없이 사라지고, 오직 내 기억 속에서만 남아있겠지. 잠시 회한에 젖다가 다시 현실로 돌아와 모교로 발걸음을 돌린다.

캠퍼스 입구에서 후배를 만나 식사를 하고 교정으로 들어간다.

오르락내리락 길을 따라가며 스마트 폰에 건물 사진과 주위 풍경 사진 담기에 부산하다. 처음 보는 건물들이 우뚝우뚝 서있어 세월이 많이 흘렀음을 절감한다.

캠퍼스는 갖은 꽃과 나무들로 아름다웠지만, 그중 봄의 목련꽃과 벚꽃, 가을의 단풍나무는 특히 유명했다. 그 당시 음대 엄정행 교수가 부른 목련화는 각종 교내 행사 때마다 귀가 따갑도록 듣곤 했다. 사범대학 쪽 선동호에선 금빛 잉어들이 노닐고, 석조관 앞 광장에선 시원한 분수가 더위를 잊게 하곤 했다.

가을의 단풍은 젊은 청춘의 마음을 얼마나 심란하게 하였던가? 일학년 때 사대 쪽 여학생들을 기웃거리며 빨갛게 익어가는 단풍에 둘러싸인 선동호를 몇 번이나 지나다녔는지 모른다. 그리고 점심 식사 후, 멋진 석조 도서관 앞 잔디밭에 둘러앉아 친구 종원이, 중현이, 종수, 병혁이와 얘기를 나누던 기억도 새록새록 떠오른다.

대운동장 옆 광장을 지나가게 되었다.

주변의 환경이 그때와 많이 바뀌어있었다. 여기 이 자리에 게시판이 있었는데, 여기에서 '고전음악 감상회'라는 제목의 큰 포스터를 더덕더덕 붙이고 있는 더벅머리의 내가 보인다. 동우회 회장인 음대 작곡과 민규 형과 함께 오른팔 옆에 포스터 수십 장을 끼고 캠퍼스를 여기저기 뛰어다니던, 그 싱그러운 청춘의 열기가 지금도 물씬 느껴지는 듯하다.

이렇게 옛 감상에 젖으며 가다 보니 문리대 건물이 나왔다.

건물 입구를 상징하는 V자 모형의 석물은 예전과 그대로였다. 뻔질나게 여기를 들락거리던 기억이 났다. 경제학을 전공하면서도 정경대 건물보다는 오히려 문리대나 음대가 있는 건물을 더 들락거렸다. 문리대에서는 '윤리학', '실존주의 철학' 등 철학 과목을, 음대에서는 '음악사'나 '음악 감상' 같은 과목을 듣고, 새벽에는 피아노연습실에 몰래 들어가서 '바이엘'과 '체르니', '하농'을 연습하느라 분주했던 시절이었다.

이제는 한바탕 추억의 여행을 마무리할 시간이다.
타임머신을 타고 40여 년 후, 지금의 나로 되돌아간다.
비좁은 지하철을 타고 환승역에서 버스로 갈아타고 집으로 향하는 나를 본다.

2

내면의 소리에 귀 기울이다

깨어있는 삶

일전에 메모해놓았던 글을 읽다가, 보면 볼수록 예쁜 글을 발견하였다.

몇 번이고 반복하여 음미하고 구절구절 마음속 깊이 새겨 DNA에 저장하려는 듯 나지막이 천천히 읽어본다.

> '나'를 잠시 내려놓은 채, 삶의 흐름에 자신을 맡긴다. 구름이 걷히면 태양이 드러나고, 촛불이 꺼지면 달빛이 빛나듯 나를 흐릿하게 비울 때 깊은 곳의 진정한 '나'가 드러난다. 삶을 조종하려는 마음을 멈추고 삶이 앞장서도록 자리를 비켜주는 것, 삶이 말하고 내가 듣는 것, 삶이 요구하고 내가 행동하는 것, 아이러니하게도 이것이 내가 삶의 주인이 되는 일이 아닌가.
>
> (출처: 박승오, 홍승완 공저, 《위대한 멈춤》, 열린책들, 2016)

현재의 삶을 있는 그대로 긍정하며 기꺼이 받아들이려는 순수한 마음이 예쁘다. 내가 신이라 해도 이렇게 삶에 순종하며 성실하게 살아가는 피조물을 기특하게 생각하고 이쁘게 봐줄 것 같다. 반면에, 내가 좀 불편하고 손해 볼 것 같아 나를 열심히 변호하고 상대를 비난하는 논리를 꾸역꾸역 들먹이는 인간의 작태도 쉬이 그려진다. 이 인간의 범주에 나도 예외는 아닐 것이다. 죽을 때까지 열심히 수행하면 이 무명(無明)의 늪에서 빠져나갈 수 있으려나. 얼마 전 유튜브에서 들은 어느 수행자의 말이 아직도 귀에 생생하다.

"현실이 신(神)이다."

그러니 나에게 주어진 현실을 있는 그대로, 감사하는 마음으로 받아들이라고 한다. 현실을 부정하지 말고 긍정적 의미를 부여하고 현실이 주는 무언의 메시지에 귀를 기울이라고.

우주에 중력이 작용하듯이 이 세상엔 내가 알지 못하는 법칙이 작용하고, 이 법칙이 모든 존재에 한 치의 오차도 없이 엄밀하고 공정하게 적용된다면, 현재 벌어지고 있는 현실은 바로 신의 뜻이 아니고 무엇이겠는가? 현실이 그대로 신의 뜻이라고 한다면, 신의 의지가 현실에 그대로 반영된 것이니 군말 없이 기꺼이 현실을 받아들여야 할 것이다.

우리가 흔히 '우연'이라고 하는 것도 알고 보면 우주에 작용하는, 우리가 모르는 진리의 다른 모습일지 인간의 짧은 생각으로는 알 수가 없다.

우리는 모르는 게 너무 많다. 인간의 빈약한 상상력과 인식의 한계를 인정하고 지금의 현실이 나에게 최선의 삶이라는 걸 항상 명심할 뿐이다.

하지만 나는 현실을 뒷짐 지고 바라보고만 있지는 않을 것이다. 내 삶의 주인으로서 역할을 다하고 싶다. 내 삶이 원하는 삶이 아닐 때는 과감히 방향을 돌리기 위해 최선을 다할 것이다. 삶의 키를 다른 누구에게도 맡기지 않고 스스로 판단하고 선택하여 결정할 것이다. 그러기 위해서는 항상 두 눈을 부릅뜨고 깨어있어야 한다. 일상의 매 순간 세상의 관습이나 시류에 습관적으로 나를 내맡기지 않고, 나의 신념에 따라 나의 선택으로 깨어있는 삶을 살아갈 것이다.

이것이 바로 내가 주인으로 사는 삶이 아닐까.

얼마 전 책에서 읽었던 내용이 떠오른다. 1980년대 미국 레이건 행정부에서 국무장관을 지낸 '죠지 슐츠(George Shultz)'의 이야기다.

> 그는 일주일에 한 시간, 혼자만의 시간을 가졌다. 그는 연필과 노트만 갖고 방문을 닫으며 비서에게 이렇게 말하곤 했다.
> "아무도 전화 연결하지 마세요. 두 사람만 빼고, 아내나 대통령."
> (출처: 김선우, 《지속가능한 삶을 모색하는 사피엔스를 위한 가이드》, 카시오페아, 2021)

일반 회사원도 일주일에 한 시간을 오롯이 낸다는 건 쉽진 않을 터인데, 하물며 미국의 국무장관에게는 오죽할까. 그는 바삐 돌아가는 세상의 시간에 자신을 내맡기지 않고, 이 한 시간을 확보하여 자신을 온전히 돌아보고 큰 그림을 그릴 수 있었다고 한다.

이런 사례는 《호모 데우스》의 저자 유발 하라리에게서도 볼 수 있다. 그는 하루 2시간은 집에서 명상하고 1년에 두 달은 인도 뭄바이 근교의 암자에서 세상과 연락을 끊고 지낸다고 한다. 이 밖에도 '애플'의 스티브 잡스(Steve Jobs), 캐나다 쇼핑몰 '쇼피파이'의 창업자 토비아스 뤼트케 등 이렇게 자신만의 온전히 깨어있는 삶을 향유하고자 했던 사람들의 예는 적지 않다.

　인생은 각자 주어진 삶의 퍼즐 조각을 짜 맞춰가는 여정이다.
　매 순간 생각과 행동을 통해 나의 개성과 본질을 드러내며 나만의 퍼즐 조각을 한 땀 한 땀 조립해간다. 나만이 가질 수 있는 모양새와 색깔로 이 조각들을 채우고 싶다. 설사 남들이 가진 것이 좋아 보이더라도, 흉내 내거나 따라 하지 않고 분수를 지키며 나만의 것으로 채우고 싶다. 관습과 타성에 젖어 무의식적으로 답습하는 대신, 나 스스로 온전한 각성으로 조각들을 맞춰가고 싶다.

　이런 생각을 해봤다.
　가령, 내가 하루 200개의 생각과 행동 조각 퍼즐을 맞춘다고 한다면 한 해 7만 3천 개의 조각을 맞추는 셈이고, 통상 80년을 산다고 했을 때 평생 약 600만 개의 조각으로 한 장의 큰 퍼즐이 완성되는 것이다. 이 작은 퍼즐 조각들을 디지털 이미지를 구성하는 작은 점인 픽셀(화소)에다 비유해본다.
　우리가 매일 짜 맞추는 픽셀이 나만의 것이 아닌, 다른 사람의 것을 모방하거나 자신의 스타일에 맞지 않는 부자연스러운 것으로 채워진다면, 분명 마지막 완성되었을 때의 영상은 내가 아닌 정체불명의, 불투명하고 뭔지 알아볼 수 없는 이미지를 띠게 될 것이다.

비록 내가 부족한 것이 많고 불완전하고 결점 많은 인간이지만, 나만의 개성과 본질을 가지고 어제보다는 오늘, 오늘보다는 내일을 더욱더 선명하고 투명한 픽셀로 채워나간다면 종국에는 해상도 높고 개성 있는, 나만의 멋진 이미지를 완성할 수 있지 않을까.

혼자 하는 여행

홀로 떠나는 여행은 나이 든 부부의 홀로서기를 위한 사전 연습이요, 훈련이다.

여수에서 나에게 허용된 하룻밤의 인연을 가슴에 묻어둔 채 새벽 4시 45분, 나는 또 새로운 인연을 따라 발길을 옮긴다.

금오도로 가는 배를 타기 위해 연안 여객터미널로 가기 전, 큰아이가 꼭 가보라고 추천한 해장국집을 찾아간다. 지금 아니면 언제 또 여기 오겠는가. 우거짓국을 먹는다. 해장국 특유의 비릿한 냄새가 전혀 없다. 오랫동안 끓여서인지 맑은 육수에다 우거지 건더기가 한층 부드럽다. 속이 따뜻해진다. 갑자기 차가워진 아침 공기에도 속이 든든하다.

혼자 하는 여행은 이런 거구나!
가는 곳마다 미련도 아쉬움도 가슴 한편에 묻어버리고 훌훌 자리에서 일어나 또 다른 목적지를 향해 가는 여행. 이 여행은 그곳에

갔다는 인증샷이나 흔적들을 남길 필요도 없다. 발 닿는 대로 오래 묵은 땅과 접촉하고, 그곳 토박이인 숲이나 나무와 반갑게 인사하고, 만나는 사람들과 미소와 몇 마디 말이면 충분하다.

섬으로 가는 배 안 바닥에 벌러덩 드러눕는다.
 요란한 기계 엔진 소리에도, 따끈따끈한 바닥의 포근함에 방랑자의 육신은 금방 피로가 풀린다. 눈이 스르르 감긴다. 등 따시고 배부르니 여기가 바로 천국이다. 창 너머 뿌연 하늘이 회색빛 구름을 잔뜩 품은 채 기지개를 켜고, 구름 사이로 솜털처럼 뽀얀 몰티즈 한 마리가 고개를 내민다.
 날이 서서히 밝아온다. 바다는 주위에 크고 작은 섬으로 겹겹이 둘러싸여 아늑하고 정겨운 모습이다. 그래서 다도해인 듯싶다. 갈매기들도 아침 식사를 찾아 나서는 듯 하나씩 눈에 띄기 시작한다. 넘실대는 바다 저 건너 정다운 초롱불이 하나씩 꺼져가는 섬마을이 눈에 들어온다.

나를 구속하는 그 어떤 것도 없다.
 가고 싶은 대로, 발길 닿는 대로, 누구의 눈치도 볼 필요도 없이 가는 나는 자유로운 영혼이다. 바람이 알려주는 길을 따라 걷다 보면 때로는 힘든 길을 만나기도 하지만 그것마저 좋다. 길바닥에서 졸고 있는 고양이나 반갑게 짖어대는 멍멍이가 그저 귀엽다. 오솔길 옆 붉은 동백꽃을 들여다보고 새들의 지저귐에 정신을 팔다 보면 가던 길을 잃기도 하지만, 그마저 너털웃음으로 여유가 넘친다. 이 또한 혼자 하는 여행의 묘미가 아닌가.

혹시 혼자 밤에 떠나는 여행을 한 적이 있는가?
야심한 시각에 나만이 오롯이 즐기는, 여행 아닌 여행을 한 적이 있다.
십여 년 전, 직장에 있으면서 마라톤에 푹 빠졌던 때였다. 주말에는 새벽에, 평일에는 늦은 밤에 마라톤 연습을 하곤 했다. 나는 밤에 혼자 뛰는 시간이 특히 좋았다. 자정 무렵 학의천 변, 인적은 거의 없고 풀벌레 소리만 들리는 고요한 시간에 힘찬 심장 박동 소리와 함께하는 여행! 몸속 세포들이 감각의 문을 활짝 열어젖히고 자연과 교감하는, 혼자만의 지극한 행복의 순간들을 생각할 때면 지금도 뇌에서 세로토닌이 샘솟는다.

혼자서 하는 여행은 침묵의 성찰 수행이다.
친숙한 것들로부터 자발적인 떠남을 통해 낯선 세계에 들어가는 단독자로서 진정 내가 누구인지, 어디로 가고 있는지를 성찰하는, 온전한 자기 자신이 되는 수행이다. 옆에 동반자가 있으면 아무래도 오롯이 혼자만의 자유를 만끽하기 힘들어 프랑스 '다비드 르 브르통' 교수는 《걷기예찬》에서 혼자서 걷는 것은 명상, 자연스러움, 소요(逍遙)의 모색이라고 하지 않았을까?

홀로 하는 여행으로 자유로운 영혼의 기쁨을 만끽한 사람의 이야기가 문득 떠오른다.

며칠 전 읽었던 《천천히 걸어 희망으로》라는 책에서 저자 '쿠르트 파이페' 씨는 대장암 말기로 몇 개월의 시한부 인생의 통첩을 받고도 유럽 도보여행의 대장정을 감행한다. 마지막 수술을 받은 지 한 달 만에, 독일 최북단지역에서 출발하여 로마까지 166일간 무려 3,350km를 걷는, 무모한 듯한 여행길을 오롯이 혼자서 오른다. 그것도 인공항문을 위한 부속 기구부터 텐트, 침낭까지 든 30kg의 배낭을 메고 말이다. 그는 비에 젖은 텐트의 축축한 침낭 속이 병원 침대보다 천만번 더 낫다고 생각하며 자연의 숲속으로 깊이 들어간다. 그리고 온몸의 열린 감각으로 살아있음을 의식하고 감사한다. 그는 이렇게 행복한 순간들을 회고한다.

> 봄을 알리는 방울새와 박새들의 즐거운 지저귐이 내 길에 동반했고 여기저기서 딱따구리가 나무를 쪼는 소리로 자신의 소리를 한껏 알렸다. 나는 주위를 둘러보며 향기를 맡고 숨을 깊이 들이쉬며 경탄에 젖었다. 행복감에 젖어 한 발 한 발, 걸음을 옮겼다.
> (출처: 쿠르트 파이페, 《천천히 걸어 희망으로》, 송소민 역, 서해문집, 2009)

그는 혼자만의 여행을 함으로써 '내게 중요한 것은 무엇인가?'를 스스로 물으며, 그동안 잊고 있었던 자신을 찾게 되었고 내면의 소리에 귀 기울이며 진정한 자유를 맛보게 되었다.

나 역시 혼자만의 소중한 시간을
온전히 나 자신을 들여다보는,
성찰하는 기회로 삼고 싶다.

내가 주인으로 사는 삶

나는 '주인으로 사는 삶'을 좌우명으로 정하고 산다.

내가 과연 삶에서 주인으로 살고 있는지, 어떻게 알 수 있을까? 궁금했다.

곰곰 생각해본 후, 나 나름대로 판단의 기준을 설정해보았다.

그것은 일상의 삶 속에서 내가 타인과 얼마나 공감하며, 친절과 배려, 용서를 베풀고 감사하며 살고 있는가를 점검해보는 것이다.

우리가 상대를 배려하고 친절한 마음을 내는 것이나 타자에게 공감하는 마음을 내는 것은 마음이 여유롭고 넉넉한 사람만이 보여줄 수 있는, 주인이 아니면 자연스럽게 드러낼 수 없는 전형적인 미덕이기 때문이다. 또한 자신에게 주어진 상황을 긍정적으로 수용하고 감사하는 마음을 내는 것도 마음이 풍요로운 자가 아니면 쉬이 할 수 없다.

결국, 내가 주인 노릇을 제대로 하는지는 이러한 미덕을 일상생활 속에서 얼마나 자주, 자연스럽게 드러내며 살고 있는지가 관건이 되지 않을까?

상대의 행동에 못마땅해하고 성마른 화가 날 때면 나의 내면을 들여다보게 된다.

나의 요구사항이나 기대치에 못 미친다고 주인한테 불만스러운 표정을 짓고 있는 노예의 얼굴을 한 나의 모습이 보인다. 반항하고 투정을 부리는 행동은 하인이 주인한테 하는 행동이지, 주인이 하인에게 하는 행동은 아니다. 반면에, 눈앞의 불편함이나 주위의 비난에도 불구하고 흔들림 없이 인내하며 당당하게 자신의 신념을 관철할 수 있는 용기와 더불어, 주위의 힘들어하는 사람에게는 관용과 연민의 마음을 내는 너그러움은 주인만이 가질 수 있는 주요한 덕성 중 하나이다.

주인으로 살 것인가? 아니면 노예의 삶을 살 것인가?

내 앞에 멋진 도전이 기다리고 있다. 내가 내 삶의 주인임을 잊지 말자고 다짐해본다.

주인으로 살아갈 때 나의 과거 부정적 카르마는 리셋(안양 대행 스님의 표현으로는 '공(空) 테이프화')이 되고 미래의 긍정적 카르마가 차곡차곡 쌓이게 된다. 이미 과거에 형성된 카르마도 영원히 변하지 않는 것이 아니라, 지금 여기에서 어떻게 마음을 내고 행동하는가에 따라 변한다는 대행 스님의 말씀이 생각난다. 그렇다면 지금 여기에서 내가 어떤 마음을 내느냐가 관건이 되는 것이다.

예수님의 말씀이나 행적에도 삶의 주인으로 사는 구체적 실천의 예를 볼 수 있다.

"주위에서 오 리를 같이 가자고 할 때는 십 리를 기꺼이 같이 가라"고 말씀하셨다. 또한, 자신에게 죄를 씌워 십자가에 못 박아 죽게 한 이들에 대해서도, 예수는 "주여! 그들이 지금 무슨 일을 하는지 모르고 있으니 그들의 죄를 용서해주십시오"라고 기도하셨다.

수많은 상황에서 보여주신 예수의 거룩한 사랑의 메시지, 보잘것없는 미천한 자들에게 보여주신 사랑과 용서의 메시지들은 우리에게 진정으로 주인으로 사는 실천적 모범을 보여주신 것이다.

그뿐인가? 예수님의 행적에서 보듯이, 내 뜻대로 되지 않을 때조차 불평하며 남 탓으로 돌리지 않고 모두 내 탓임을 인정하는 것이나, 사소하고 보잘것없는 일에도 매사 하느님께 감사하는 마음을 갖는 것이야말로 진정 내가 주인으로서 사는 참된 삶일 것이다.

그렇다!
진리는 멀리 떨어져있는 것이 아니라 쉽고 단순하며 가까이 있다. 내가 확신하지 못하고 막연하게 알고 있는 것이라도 일단 신뢰하고 실천에 옮겨본다. 긴가민가 의심하고 두려워하거나 망설이지 말고, 삶의 주인으로서 당당하고 용기 있게 실생활에 적용해보는 것이다.

가령, 책에서 양자역학의 관찰자 이론을 배우게 되면, 실제로 '끌어당김'의 마력을 체험해보는 것이다. 지식이 체화(體化)되었을 때 비로소 삶을 변화시킬 수 있을 터이니 말이다.

우리는 일상의 삶에서도 얼마든지 주인의 마음을 낼 수 있을 것 같다. 예컨대, 조금 전 산책하면서 체험한 건데, 이런 것도 사례가 되지 않을까.

학의천 변을 걷다가 한 사람이 겨우 다닐만한 좁은 오솔길을 지나가게 되었다. 때마침 맞은편에서도 사람이 오고 있었다. 살짝 일말의 망설임이 느껴졌다. 저 사람이 먼저 길옆으로 비켜줄까? 아니면 내가 먼저 비켜야 하나? 그러나 망설임은 순간이었고, 나는 즉시 가던 길을 멈추고 옆으로 비켜섰다.

비록 사소하지만 이렇게 주인으로서의 양보의 마음을 낼 수 있었다. 잠시 후 마주 오던 그분이 지나갔고, 나의 입가에 살짝 여유로운 미소가 번졌다.

문득 며칠 전 유튜브에서 본 장면 하나가 떠오른다.

어느 지하철역에서 선로에 떨어져 올라오지 못해 끙끙거리는 강아지 한 마리가 있었다. 역내 구내 방송에선 곧 열차가 들어온다는 멘트가 흘러나오고 있었고, 이 상황에 접한 사람들이 모두 발만 동동 구르며 안타깝게 지켜보고 있을 때였다. 어느 중년 여자분이 용감하게 선로로 뛰어 내려가 강아지를 끌어안고 올라오는 감동적인 장면이 벌어졌다.

위기의 순간에서도 자신의 도덕적 신념을 서슴없이 행동으로 실행할 수 있는 용기와 결단에 한동안 생각이 멎었던 기억이 새롭다. 자신이 삶의 주인으로서 신념에 따라 '지금 여기'에서 행동으로 보여준 것이다. 삶의 주인으로서 비굴하지 않고 당당하게, 인간의 존엄성을 지키며 살아가는 것이 어떤 것인가 다시 한번 생각해보게 되었다.

일상에서 주인으로서 쉬 경험할 수 있을만한 사례를 하나 더 소개한다.

큰 도로 한가운데 아이들이 먹다 버린 과자 봉투 한 덩어리와 음료수 캔 한 개가 이리저리 굴러다닌다. 길을 가는 사람들은 이 쓰레기를 요리조리 피해서 가던 길을 간다. 그런데 어느 한 청년이 가던 걸음을 멈추고 손으로 쓰레기를 주섬주섬 집어 들고, 가까운 쓰레기통을 찾아 주위를 두리번거리며 걸어간다. 만약 내가 현장에서 이 광경을 봤다면 사람들에게 이렇게 얘기해주었을 것이다.

"이 청년이 한 행동은 삶의 주인으로서 한 행동이었어요. 그가 이런 행동을 한 것은 상황이 이렇게 행동하도록 주어졌기 때문이죠. 쓰레기가 대로변에 나뒹구는 걸 보니 보기가 안 좋아서 자연스럽게 손이 가게 된 거죠. 남의 칭찬을 의식한 것도 아니었지요. 현재 처한 상황에서 순간적으로 자기가 해야 할 일이라고 생각해서, 기꺼이 그리고 당연히 하려는 마음을 내게 되었죠. 이 청년이야말로 인간의 주체적인 삶의 모범을 제대로 보여준 것 같습니다."

위 사례와는 살짝 다른 얘기인데, 나는 개인적으로 청소하는 행위에 대하여 나만의 생각을 실행하려고 노력한다. 청소는 더럽고 불결한 것을 쓸고 닦아서 깨끗하게 하는 행위이다. 보통 마음의 정화는 무엇보다 가치 있는 행위로 생각하지만, 일상생활에서 청소하는 행위에 대해서는 다른 시각으로 본다. 하지만 나는 이 두 행위가 크게 다르지 않다고 생각한다. 청소는 누구나 흔쾌히 하고 싶은 일이 아니기 때문에 더더욱 이런 일을 하는 것에 의미를 두고 싶다. 어려울수록 더욱 할만한 가치가 있지 않을까.

나는 식사 후 설거지와 음식물쓰레기 처리만큼은 전담하려고 노력한다. 몸으로 하는 사소하지만 자발적인 행위가 마음의 정화에도 영향을 미쳐서, 내 마음속 오래된 욕심, 어리석은 마음을 서서히 녹여줄 것만 같다. 왜냐면, 몸과 마음은 하나로 연결되어있다고 믿기 때문이다.

비록 지금은 부족한 것이 많고 만족스럽지 못하지만, 작은 것부터 하나씩 실행해본다.

이 조그마한 행위가 모여 개울이 되고 강물이 되고
대양으로 흘러가면서 주위에 영향을 미치게 된다면,
이 세상은 좀 더 밝고 아름답게 변하지 않을까.

나의 길

나는 이제 전업 작가로서의 길을 간다.

그동안 취미로 글을 쓰고 자투리 시간에 끄적거리는 아마추어였다면, 이제부터는 글쓰기를 업으로 하는 삶을 살 것이다. 오늘 알람을 6시에 세팅하고 기상하여 간단한 명상 후 책상에 앉아 따뜻한 생강차 한 잔을 마심으로 하루를 시작한다. 따뜻한 생강차 한 잔이 나의 작업을 시작하는 리추얼(ritual)이 될지도 모르겠다.

이렇게 시작하는 나의 일과를 대강 정리해본다.

오전은 글쓰기와 책 읽기로 채워질 것이고, 중간에 잠깐 부엌에서 걸쭉하게 만든 나만의 영양죽을 아침 식사로 먹을 것이다. 12시가 되어 아내가 준비해주는 점심을 간단히 하고 설거지를 한 다음, 학의천 변이나 동네 주위를 산책한다. 약 1시간 정도 소요되는 산책 시간은 나의 글쓰기에 필요한 아이디어나 영감을 얻는 중요한 골든 타임이다. 우주에 숨겨진 멘토들의 에너지 파장에 맞춰 교감하고 그들로부터 메시지를 듣는 시간이기 때문이다.

산책에서 돌아온 후 두세 시간 스마트 폰으로 나만의 즐거운 시간을 갖는다.

감성을 깨우는 그윽한 커피 향과 함께 인터넷을 검색하고, 유튜브 영상을 보거나 음악을 감상하고, 친구와 카톡을 주고받고, 바둑을 감상하기도 한다. 중간에 졸리면 살짝 눈을 붙이기도 하며 나만의 여유를 만끽한다.

다음 두 시간쯤 작업하고 저녁 식사를 한 후, 두 번째 산책을 나선다. 산책을 다녀온 뒤 저녁 9시 정도부터 책을 읽다가 자정 가까이에 꿈나라에 든다. 이렇게 나만의 하루는 끝난다.

하루 7~8시간 나에게 주어지는 작업 시간을 온전히 독서와 글쓰기에 집중하여 내게 주어진 능력을 최대한 발휘하고 싶다. 설사 내 글이 독자로부터 공감을 받지 못하더라도 개의치 않을 것이다. 다행히 나의 글이 세상에 나와서, 사람들에게 공감과 영감을 불러일으켜 그들의 삶에 위안이 되고 삶에 변화를 가져온다면 더할 나위가 없겠다.

문득 유튜브에서 본 동영상이 생각난다.

'M 연구소'에서 찍은 최면 상담 영상인데, 어느 내담자가 최면 중에서 만난 수호천사의 메시지가 담겨있는, 흥미로운 내용이었다. 글쓰기를 업(業)으로 하는 내담자의 고민에 대하여 그 천사가 들려준 메시지를 요약해본다.

글쓰기에 대한 심한 강박증이 있는 내담자에게 천사는 '글을 잘 쓰고 못 쓰는 건 없으니, 너무 심각하게 고민하지 말고 그냥 쓰라'고 한다. 그리고 한마디 덧붙인다.

"내 책이 어떻게 읽혀질 건지 너무 걱정하고 염려하지 말라. 내가 즐거운 마음으로 자연스럽게 쓰면, 독자들도 재미있게 느끼게 될 것이다. 그리고 자신이 하고 싶은 것, 좋아하는 것을 찾아서 게임하듯 즐겁게 살면 된다."

영성 관련 책이나 강의에서 쉬이 들을 수 있는 내용이지만, 이렇게 하얀 옷을 입고 밝은 빛을 띠며 나타난 천사의 생생한 메시지를 접하고 보니 색다른 감동과 전율까지 살짝 느껴진다.

"신이 내 속에 감춰둔 재능이 그 일에 감응할 때 망설이지 말라"고 누군가 했던 말이 떠오른다. 그 재능이 비록 지금은 미약하지만, 나에게는 글쓰기였고, 내가 세상에 기여할 수 있는 유일한 것임을 알았다. 나는 나의 글에 대해서 지나친 염려보다는 나만의 글을 쓴다는 긍지와 자부심을 갖고 싶다. 얼마 전 책에서 본 조귀명 선생의 시원하고 통쾌한 글이 생각난다.

> (중략) 나의 서툴고 거친 작품을 이백, 두보, 한유, 유종원 선생의 시 읊고 글 짓는 것과 대등하게 여겨, 그 곁에서 거닐고 그 속에서 휘파람을 분다. 이보다 큰 즐거움이 있을 수 있겠는가? 무얼 더 부러워할 게 있겠는가?
>
> (조귀명의 《동계집(東谿集)》 권2 중)

문득 미국 사진작가이자 화가인 '맨 래이(Man Ray)'가 "한 사람의 창작자가 인정받기 위해서는 열렬한 지지자 한 명만 있으면 된다"라고 한 말이 떠오른다. 이 또한 얼마나 통쾌한 말인가! 미국 심리학자 스탠리 밀그램 교수의 '6단계 법칙'을 이 말과 연계하니 과연 고개가 끄덕여진다.

밀그램 교수의 실험(1967년)에 의하면, 인간관계는 여섯 단계만 거치면 지구상 대부분 사람과 연결이 가능하다고 한다. 즉, '나의 친구와 친구의 친구'와 같은 식으로 주변 사람들이 중간 역할을 해준다면, 시작되는 사람과 목표가 되는 사람이 서로 모르는 사이일지라도 대부분 여섯 단계만 거치면 연결된다는 것이다.

지구의 70억이 넘는 사람들이 단지 여섯 단계로 연결되다니! 놀랍다.

더군다나 이 이론이 나온 지 50여 년이 지난 요즘, 인터넷이 보편화되고 페이스북이나 인스타그램 등 SNS가 활성화된 세상에서는 더더욱 가능한 얘기가 아니겠는가. 그렇다면 내 책을 본 독자 중 한 사람이라도 진정으로 공감하여 여러 친구에게 추천한다면, 엄청난 파급효과를 낼 수도 있을 것이다.

하지만 최면 상담에서 천사가 말한 것처럼, 나는 세상의 인정에는 연연하지 않겠다. 글쓰기는 내가 진정으로 하고 싶은 것이니, 나는 좋은 글을 쓰기만 하면 될 뿐이다. 그 외에는 세상이 알아서 할 것이다.

"작가의 죽음은 생물학적 죽음 10년 후에 온다"는 프랑스 속담이 있다.

내가 죽은 10년 후에도 독자에게 사랑받는 책, 나의 향기가 글 속에 오랫동안 남아있는, 그런 책을 쓰고 싶다. 남은 생이 이렇게 쓰인다면, 나의 삶은 비로소 의미와 가치가 있는 후회 없는 삶이 될 것이다. 부디 내가 인생의 주인공임을 잊지 말고 내 앞에 놓인 도전을 감당할 수 있기를 바란다.

이렇게 명쾌한 생각을 내니, 마음이 한결 가벼워지고 발걸음은 가뿐하다.

이런 기특한 마음을 낸 자신이 대견스럽고 사랑스러웠다.

집으로 돌아가는 발걸음을 옮겨 동네 카페로 향한다.

나에게 맛있는 커피 한 잔을 대접해주고 싶었다.

에고가 조용해지다

언제부턴가 머릿속이 조용해진 것 같다.

이전에는 상대의 말이나 행동에 대하여 뇌에서 이러쿵저러쿵 반응하는 소음으로 시끄러웠다. 나 스스로 임의로 평가하고 판단하곤 했기 때문인데, 어떻게 생각하면 당연하고 자연스러운 반응인지도 모른다. 여태까지 그렇게 살아왔으니까. 그래서 내 머릿속은 늘 시끄러웠다.

그러던 것이, 요즘에는 산책하며 이런저런 대상을 보게 되지만 뇌가 애써 반응하지 않고 쉬도록 내버려둔다. 상대의 겉모습이나 말, 행동에 대하여 단지 감각으로 느끼기만 할 뿐, 반응하지 않는 것이다.

집에서도 적용하여보았다.

아내가 이런저런 말이나 행동을 하더라도 크게 반응하지 않는다. 부정적 감정을 유발하는 말이나 행동에도 크게 개의치 않고 넘어간다. 예전 같으면 열받아 화가 나게 했던 말에도, 이제는 마음의 동요가 크게 일어나지 않아서 지나치게 반응하지 않는다. 그래도 내가 하고 싶은 말이나 행동은 자연스럽게 표현한다. 그 결과, 오가는 논쟁이 줄어드니 집도 이전보다 조용해진 것 같다.

나의 내면의 변화를 들여다본다.
이전에는 상대방의 거슬리는 말이나 행동에 대하여 나의 에고는 즉시 긴장하여 전투태세로 돌입했다. 마치 동물들이 싸울 때, 고개를 쳐들고 상대의 눈을 쏘아보며 으르렁거릴 때처럼 반응하곤 했다. 하지만 지금은 '저 사람은 저렇게 생각하는구나', '그렇게 생각할만한 이유가 있겠지' 하며 제삼자 보듯이 떨어져 보게 되니 민감하게 반응하지 않게 된 것이다.
그러나 잘 아는 사람과의 관계에서는 생각대로 쿨하게 반응하기가 쉽진 않다. 머릿속에 이미 저장된 상대방에 대한 선입관이나 편견 등 과거의 생각이나 경험 찌꺼기가 남아있어서, 이런 생각을 내기가 현실적으로 어려운 경우가 많다. 이런 경우에는 스토아 철학자인 '에픽테투스'의 말대로, 내가 통제할 수 없는 것에 대해서는 더 이상 신경 쓰지 않는다는 원칙이 많은 도움이 되는 것 같다. 상대가 어떤 생각이나 말을 하더라도, 그것은 그 사람의 권한이지 내가 관여하여 못 하게 할 권한은 없는 것이다.

나는 상대의 말이나 행동을 내가 원하는 대로 바꾸려고 논쟁하거나 싸우는 대신, 그 사람에 대한 나의 생각을 긍정적으로 바꾸도록 노력한다. 그리고 가능한 한 상대에 대한 과거의 생각이나 편견을 배제하고 현재 상황에 집중하여 판단하도록 한다.

'지금의 나의 판단이 지금 여기, 있는 그대로를 제대로 보고 하는 것인가? 그렇다면 이 판단이 사실임을 확신할 수 있는가?'를 점검해 본다. 나의 잘못이라고 판단되면 지금 수정하면 될 것이니, 더 이상 과거에 얽매이거나 집착하지 않는 것이다. 이렇게 했을 때 대부분 감정의 동요가 최소화되었고 어렵지 않게 마음의 평화를 얻을 수 있었다.

문득 한 인디언 우화가 생각난다.
체로키 인디언 할아버지가 손자와 나누는 대화이다.

> 할아버지: "얘야, 다툼은 모두 우리의 내면에 있는 두 마리 늑대의 싸움 때문이란다. 한 마리의 늑대는 나쁜 늑대인데, 대상에 분노, 시기, 질투, 탐욕, 열등, 거만, 우월을 느끼는 늑대이고, 다른 또 한 마리의 늑대는 착한 늑대로 기쁨, 평화, 희망, 친절, 자비, 공감, 믿음, 연민을 느끼는 늑대란다."

할아버지의 이야기를 들은 손자의 질문이 당돌하다.

> 손자: "할아버지! 그럼 두 마리 늑대 중 어떤 늑대가 이기나요?"

할아버지의 대답이 절묘하다.

> 할아버지: "내가 먹이를 주는 놈이 이기게 되지."

그렇다면 나는 어떤 늑대에게 먹이를 주고 있는 것일까?

재미있는 우화지만 우리에게 두 가지의 가르침을 준다.

하나는, 내가 느끼고 있는 대부분의 고통은 내가 맞닥뜨리게 되는 일 때문이 아니라, 그 일에 대한 나의 관점 때문이라는 것이다. 내가 그 대상에 대하여 어떤 관점으로 생각하느냐에 따라 행복해질 수도, 고통을 느끼게 될 수도 있다는 점을 시사한다. 모든 것은 진정 나로부터 비롯된다는 깨달음이기도 하다.

또 다른 하나는, 내가 진정 고통 대신 행복을 원하고 내면의 소음 대신 마음의 평정을 원한다면, 평소 대상에 대하여 긍정적 관점을 갖도록 연습하여 습관화하면 된다는 메시지다. 나의 에고를 무력화시키고 참나(眞我)에게 힘을 실어준다면 비로소 내면의 평화를 맛볼 수 있지 않을까?

좋은 늑대에게 더욱 열심히 먹이를 주고 잘 보살펴야겠다.

평범하게 산다는 것은

평범하게 산다는 것은 어떻게 사는 것일까?
 단순하면서 모자라지 않는 삶, 너무 거창하지도 화려하지도 않은 보통의 삶, 이렇게 말은 그럴듯하지만, 정작 어떻게 사는 건지 머릿속에 명확히 그려지지 않는다.

'평범한 삶'에 대한 정의부터 너무나 막연하고 포괄적이다.
 인구통계학적으로 봤을 때, 중위권의 대다수 삶의 유형이라고 하지만 현 사회는 세대별, 성별, 직업별, 소득별로 생활방식과 이념 등에 있어서 워낙 다양하고 세분되어, 딱히 평균적인 삶의 형태 같은 것은 있을 것 같지 않다.
 평범한 사람들의 성격과 기질은 어떨까?
 기본적인 양심과 상식을 가지고, 성격은 무난하고 특이하지 않은 기질에다, 적당히 결점도 있고 가끔 후회도 하는, 때로는 이웃에 도움도 주고받는 삶 같은 것일까? 이렇게 정의하다 보니 거의 모든 사람이 이 범주 안에 들어갈 듯싶다. 이게 바로 인간이 지닌 보편적인 특성이 아닌가.

그런데 나의 삶을 돌이켜보면, 무난하고 평범한 삶과는 어쩐지 동떨어져있다는 생각을 지울 수 없다. 왜 그럴까?

평범한 삶을 추구하기에는 걸맞지 않게 나의 자의식이 너무 튀었던 것 같다. 좀 특이했던 성장 환경 탓이었을까? 나는 일찍부터(12살) 시골 부모님 곁을 떠나 형과 함께 서울로 유학을 오게 되었다. 그러다 보니, 어린 마음에 좋은 성적을 거둬야 하고 좋은 학교에 가야 한다는 무언의 강박을 가슴에 늘 안고 있었고, 그러기 위해 다른 아이들과 달리, 더 열심히 더 잘해야 한다고 나를 부추기고 윽박질렀다.

중학교 때 존경하던 위인들도 한결같이 치열하게 삶을 사신 분들이었다.

자신의 이익보다는 아프리카의 힘든 사람들을 위하여 평생 헌신적 삶을 산 슈바이처 박사, 중학교 2학년 때 어느 조간신문에서 본 인터뷰 기사에서 "나는 죽을 때까지 연구하다 책상머리에서 피를 토하며 죽고 싶다"라고 한 국어학자 이숭녕 교수, 고난의 운명에 저항하며 분투적 삶을 산 음악가 베토벤 선생, 전쟁에 반대했다는 이유로 국가로부터 받은 정치적 탄압에도 굴하지 않고 당당하게 자신만의 삶을 산 헤르만 헤세 같은 분들이었다.

이분들의 전기와 작품을 열심히 접하고, 베토벤 선생의 데스마스크 석고상을 구해 와 벽에 걸어놓고, 이들을 닮고 싶어 했었다. 게다가 숫기가 없고 수줍음을 몹시 타는 성격 탓에 취미도 음악 감상이나 책 읽기, 바둑같이 혼자서 몰입이 가능한 거였고, 사춘기에 이성에 대한 호기심을 통제하지 못해, 예쁜 과학 선생님과 매력적인 영어 선생님을 좋아해 한동안 남몰래 혼자 가슴앓이를 했던 기억이 새롭다.

이렇게 나의 학창 시절은 언제나 긴장되고 허기지고, 뭔가를 끊임없이 치열하게 추구하며 살아야 한다는 생각으로 피곤했던 시간이었다. 평범하고 무난한 보통의 삶, 보통의 성적, 느긋하고 여유로운 시간은 나에게는 사치였고 유효한 선택지가 아니었다. 남과는 다른 특이한 생각, 의미 있는 시간, 더 좋은 결과에만 만족했다.

이렇게 환경이나 성격적인 면에서 '나는 다른 친구들과는 다르다'라는 자의식을 무의식중에 가슴에 새겨놓았던 것 같다. '그냥 나 자신, 주어진 그대로 살면 안 되나?', '그냥 평범한 학생으로 살면 왜 안 되는가?' 스스로 질문을 던지며 힘들어했다.

그러던 것이 대학 입학하여 좀 더 넓은 세상을 보게 되었고, 다양한 사람들의 삶을 접하게 됨에 따라 언제부턴가 나 자신을 좀 더 너그러운 시선으로 보게 되었다. 세상은 분투적인 삶만이 살아남는 전쟁터가 아니라, 각자 주어진 본성대로 능력껏 살아가는 곳이었다.

특별해 보이는 삶이라 할지라도, 수면 아래 평범함이라는 커다란 빙산에 수면 위로 살짝 보이는, 작은 한두 개 얼음덩어리 같은 건 아닐까? 우리는 끊임없이 내면을 성찰하며 수면 아래 큰 빙산을 잘 보살펴야 하는 것이었다. 결국 평범하게 산다는 것은 주어진 일상을 제대로 살아가는 것이었고, 그 자체가 선물임을 알았다. 다른 사람들은 일찍이, 쉽게 받아들였던 것을 나는 오랫동안의 방황 끝에서야 수용하게 되었다. 그동안 줄곧 완벽하고 치열한 삶을 추구하다가, 더 여유롭고 단순한, 평범한 삶이 주는 소박하고 평온한 즐거움을 잃었다는 것을 늦게야 알게 되었다. 몽테뉴의 말이 문득 떠올랐다.

"가장 아름다운 삶은 보편적이고 인간적인 본보기를 순리대로 따르는 삶, 질서가 있으면서 특별함과 괴상함도 없는 보통의 삶이다."

(몽테뉴, 《수상록》 중)

뭔가를 보여주기 위해 애쓰지 않고, 있는 그대로의 자신을 사랑하며, 타고난 본성에 따라 당당하게 자신만의 길을 걸어가는 삶, 언뜻 따분한 듯 보이기도 하지만, 지극히 단순하고 평범하고 소박한 삶, 그 자체가 알고 보니 행복이었음을, 소중한 선물이었음을 느지막이 깨달았다.

이제는 아침 밥상에서 듣는 아내의 잔소리가 귀에 거슬리지 않게 되었고 식사 후 설거지도 콧노래를 흥얼거리며 즐겁게 하게 되었다.
이렇게 행복은 이미 항상 내 곁에 있었다.

나도 모르는 신비한 나

저녁을 하고 학의천 산책길에서 문득 나를 들여다보게 되었다.
몸을 가진, '나'라고 하는 사람에 대해서 생각나는 형용사를 천천히 하나씩 떠올려본다.

욕심 많은 나, 인정 많은 나, 친절한 나, 거짓말하는 나, 눈치 보는 나, 용기 있는 나, 비겁한 나, 거만한 나, 두려워하는 나, 정직한 나, 자랑하는 나, 미워하는 나, 애쓰는 나, 철없는 나, 비굴한 나, 부지런한 나, 진실한 나, 질투하는 나, 당당한 나, 무력한 나, 센스 없는 나, 아량이 넓은 나, 배려하는 나, 소심한 나, 의리 없는 나, 행복한 나, 변명하는 나, 한심한 나, 감사하는 나, 흥분하는 나, 겸손한 나, ……

하나의 나를 들춰보다 보면 어느새 또 하나의 '나'가 보이고, 그 이미지가 사라지기도 전에 또 한쪽에서는 또 다른 '나'가 고구마 줄기처럼 줄줄이 얼굴을 내민다.

…… 고뇌하는 나, 변덕스러운 나, 까다로운 나, 여유로운 나, 감

수성이 풍부한 나, 고집스러운 나, 인색한 나, 이기적인 나, 이타적인 나, 절제하는 나, 화내는 나, 인내하는 나, ……

　10분도 채 되지 않아 무려 40여 개의 '나'라고 생각되는 이미지가 연이어 얼굴을 드러낸다. 이 중에는 긍정적인 모습의 이미지도 더러 보이지만 많은 부분이 나의 어두운 그림자를 드러내는 것들이다. 그럼에도 나는 그동안 나의 어두운 면은 감추고, 밝고 긍정적인 면만 외부에 드러내려고 애쓰지 않았던가? 말로는 '있는 그대로의 나'를 사랑한다고 떠벌리면서도 나의 민낯을 솔직하게 드러내지 못하고 숨기려 하지 않았나.
　자괴감이 밀려왔다.
　좀 더 솔직해지자고 나에게 속삭인다. 부족하면 부족한 대로, 넘치면 넘치는 대로, 있는 그대로의 나를 사랑하고 배려하고 보살펴주자고 다독인다. 그러나 한편으로는 관계주의가 강하게 지배하는 오늘의 한국 사회에서 셀 수 없이 다양한 사회적 상황에 적응하기 위해 애쓰고 수고하여온 나의 에고의 모습에 울컥 연민의 마음도 들었다.

"그래! 그동안 세상에 부대끼며 살아오느라 얼마나 힘들었니. 수고 많았다. 하지만 이제는 더 이상 애쓰지 않고 편히 쉬도록 해줄게."

　이렇게 얘기하며 힘들었던 나를 토닥이며 부드럽게 감싸 안아주었다.

하나의 의문이 얼굴을 드러낸다.
그렇다면 본래의 나는 어떤 모습일까?

나는 나를 잘 안다고 생각하지만, 과연 나 자신을 잘 알고 있을까? 상황에 따라 카멜레온처럼 변화하는 나의 진짜 모습은 어떤 것일까? 궁금했다.

자신 있게 이렇다고 할만한 나의 이미지가 딱히 떠오르지 않았다. 나의 멘토 몽테뉴조차 《수상록》에서 자신이 누구인지 모른다고 이렇게 실토하지 않았던가.

> 나는 나보다 기묘하고 신기한 걸 본 적이 없다. (중략) 나를 살피고 알아갈수록 더 많은 특이함에 놀라고 내가 누구인지 점점 알 수 없게 된다.

그러면 나는 다양하고 복합적인, 수많은 '나' 중에서 진정 어떤 '나'로 기억되기를 바랄까? 순식간에 두 개의 '나'가 떠오른다.

제일 먼저 '당당한 나'가 되고 싶다.
어떤 시련을 만나서도, 잘하건 못하건 간에, 내 삶의 주인으로서 스스로 선택하고 결정하고 책임지는, 주눅 들지 않는 '나'가 되고 싶다. 그러기 위해서는 주위의 유혹이나 운명의 장난에도 쉬이 흔들리지 않는, 나만의 단단한 철학이 있어야 할 것이다. 내가 부지런히 책 읽고 나를 들여다보는 성찰의 시간을 가져야 하는 이유이다.

또 하나는 '친절하고 관용을 베푸는 나'로 기억되고 싶다.

우리는 이 지구상에서 혼자가 아니라 함께 희로애락을 경험하며 도움을 주고받으며 살아가는 존재들이다. 존재하는 모든 생명체는 존재 의미가 있으며 나와 같이 행복을 원한다는 것을 인정한다면 나는 타자에 대해 더욱 관용을 베풀고 친절하지 않을 수 없다.

칸트가 말한 엄격한 도덕철학을 실행한다거나, 혹은 전 재산을 기부하거나 자신의 장기(臟器)를 기증하지는 못하더라도, 품위 있고 인간답게 살고 싶다. 가능하다면 베풂의 외연을 능력껏 조금씩 확장하여 좀 더 나은 세상이 되었으면 하는 것이 나의 소박한 바람이다.

한편, 나는 새삼 '나'라는 존재가 타자와 관계 속에서, 자연 속에서, 철학과 예술의 세계 속에서 다양하고 신비로운 빛깔과 모습으로 표상(表象)되는 것을 경이의 시선으로 바라보게 된다. 한 생명체의 존재로부터 형형색색 발산되는 다양한 스펙트럼에서 생명의 존엄성과 무규정성(無規定性)을 본다. 나는 자연과 교감하고 사람들과 교류하고, 때로는 음악과 미술의 세계에 심취하고 철학을 논하며 세상을 경험하고 배우는, 자유로운 영혼이다.

그렇다!
'나'는 신이 창조한 하나의 신비요,
기적이며 무한한 가능성이다.

고개를 들어 가슴을 활짝 열고 맑은 공기를 한껏 들이마신다.

고독을 즐기다

여기저기서 외롭다고 난리다.

코로나로 인해 비대면을 강조하다 보니, 보고 싶은 사람들과 만남이 줄어들어 홀로 있게 된 시간이 많아진 탓일 듯싶다. 며칠 전, 기관의 공적 모임이 있었는데 직접 만나서 하는 대신 화상회의 웹을 통해 핸드폰이나 PC로 서로 얼굴을 보면서 회의를 하였다. 그런대로 기본적 의사소통은 된 것 같은데 예전처럼 얼굴을 마주 보고 시선을 마주치며 하던 것과는 달리, 실감도 나지 않고 효율도 떨어지는 듯싶다. 아직 익숙하지 않아 그렇겠지만 사람과 사람 사이에 기계가 가로막고 있다는 썰렁한 느낌은 지울 수 없다.

그나저나 코로나로 인한 문제가 곧 해결되지도 않을 것 같다. 뉴스를 들어보니 전 국민이 모두 백신 접종을 완료하는 것은 올 연말쯤이나 가능할 거라는 우울한 소식이 들려온다.

외롭다고 하는 원인 중 또 한 가지는 최근 들어 부쩍 많아진 1인 가구 수(전 가구 수의 30.2%, 2019년 통계)도 한몫할 듯싶다. 말을 걸 상대도 없이 홀로 지내는 사람들의 적적함은 가히 상상이 안 간다.

그러나 한편으로 보면 세상을 살아가는 모든 사람은 혼자다. 태어나면서부터 혼자였고, 살면서 당면하는 문제들을 판단하고 선택하고 책임져야 하는 주체도 오로지 자기 자신이기 때문이다.

사실 외롭다고 느끼는 것은 혼자 있기 때문이 아니다. 대중 속에서도 내적 공허함이나 소외감을 느끼면 외로운 것이다. 알고 보면, 보이지 않는 장벽을 쌓고 자기만의 성에서 자족하며 살아가는 것이 바로 오늘날 우리의 삶 아닌가. 그런데 그 성안에서 예쁜 정원을 가꾸고 나비와 벌, 곤충들과 벗하며 즐겁게 살면 다행인데, 불행히도 많은 사람이 혼자만의 시간을 즐기지 못하고 외로움을 느낀다는 것이 문제다.

요즘 지하철을 타고 가다 보면, 잠시라도 혼자 따분함을 참지 못하고 스마트 폰 게임이나 정보 검색에 여념이 없는 사람들을 자주 보게 된다. 동작대교를 건널 때 한강의 아름다운 풍광도 이들의 고개를 들게 할 순 없는 듯하다. 심지어 저녁에 산책할 때마저 눈은 스마트 폰에 고정한 채 걸음을 열심히 옮기는 사람도 눈에 뜨인다. 미국의 한 음료 회사에서는 스마트 폰 없이 1년을 살면 1억여 원의 상금을 준다는 이벤트도 발표했다고 하니, 혼자서 멍때리거나 뇌를 쉬게 할 기회는 그만큼 점점 줄어드는 것 같다.

뇌 신경을 연구하는 학자들에 따르면 뇌가 생각을 많이 하고 바삐 움직일 때보다 혼자서 멍때리거나 빈둥거릴 때 '디폴트 모드(Default mode)'라는 두뇌 네트워크가 활성화된다고 한다. 이때 인간의 뇌는 가장 독창적이고 상상력을 발휘하여 문제 해결 능력도 향상된다고 한다. 우리가 한가롭게 산책하거나 샤워할 때, 혹은 잠자리에서 잠들기 직전에 아이디어가 잘 떠오르는 것도 이런 이유가 아닐까 싶다.

그렇다면 의식적으로라도 혼자서 생각 없이 걸으며 빈둥거릴 거리를 만들어줘야 할 듯싶다. 우리는 기꺼이 자발적으로 고독을 선택하여 즐겨야 한다. 혼자만의 고독을 자기 성찰과 내적 여유로움으로 즐길 수 있어야 한다.

외로움이 타자들과 분리되어 세상에서 소외되었다는 의식이 내포되어있는 반면, 고독은 나에게 더 가까이 다가가 내면의 소리에 귀 기울이며 성찰하는 시간이다. 이 혼자 있는 시간은 오롯이 내가 고독을 즐기는 시간이다. 세상의 소음과 주변의 시선에서 벗어나 진정한 나 자신이 될 수 있는 곳이며, 다른 페르소나를 보여주지 않아도 되는, 나만의 시간이다.

나의 경우, 산책하면서 때로는 음악을 들으며 고독과 함께한다.
뭔가에 정신없이 바쁠 때보다는, 천변길을 홀로 산책하며 생각을 비웠을 때 내가 세상에 홀로 존재한다는 것을 극명하게 인식하게 된다. 그리고 이 순간 내가 가장 생생하게 살아있다고 느끼게 된다.

이렇게 머릿속 텅 빔과 자발적 고독에 머무르게 되었을 때 오히려 삶의 충만함을 느끼게 되고, 혼자만의 침묵 속에서 세상의 소음을 더욱 또렷하게 의식할 수 있게 되는 것은 경이로운 역설이다.

고독이라는 말을 떠올렸을 때 가장 먼저 생각나는 사람이 있다.
라인홀트 메스너(Reinhold Messner)!

그는 히말라야 8천 m 고봉 14좌를 완등한 전문 산악인이다. 또한 그는 에베레스트 무산소 단독 등반이라는 경이로운 기록의 보유자이기도 하다. 세상에서 이 사람만큼 오랜 시간 동안 극한의 한계 상황에서 홀로 고독을 맛보았던 사람이 있을까 싶다. 그가 단독 산행을 통하여 깨달았다고 한, 고독에 관한 생생한 고백을 음미해본다.

> 고독이 정녕, 이토록 달라질 수 있단 말인가. 지난날 그렇게도 슬프던 이별이 이제는 눈부신 자유를 뜻한다는 것을 알았다. 그것은 내 인생에서 처음으로 체험한 흰 고독이었다. 이제 고독은 더 이상 두려움이 아닌 나의 힘이다.
> (출처: 라인홀트 메스너, 《검은 고독 흰 고독》, 김영도 역, 필로소픽, 2019)

그는 히말라야의 한 베이스캠프에서 홀로 배낭을 메고 낭가파르바트를 향하여 발걸음을 옮긴다. 셸파도, 장비도, 파트너도, 산소기구도 없이 오직 빙벽과 고독한 한 인간의 순수한 만남을 체험하기 위하여.

그리고 그는 이 과정에서 깨닫는다.
그를 괴롭히던 고독은 이제 자신의 존재를 인식시켜주는 소중한 힘이요, 삶을 충만시켜주는 에너지가 된다는 것을.

언어의 장막을 걷어내고

아침에 부엌에서 간단한 식사를 준비하고 있었다.

즐겨 듣는 FM 라디오 방송에서 귀에 익은 한 소절의 멜로디가 흘러나오고 있었다. 하고 있던 동작을 멈추고 귀를 쫑긋 세우고 음악에 빨려 들어간다.

'이 곡은 바이올린 협주곡인데 누구의 작품이었지? 브람스인가? 아니면, 브루흐? 차이콥스키?' 꼬리에 꼬리를 물고 이어지는 기억에 대한 탐색, 그리고 알고 싶은 욕구로 목이 타오른다. 귀로는 음악을 듣고 있지만, 머릿속에선 온통 곡의 제목을 기억하려고 애쓰는 나를 본다.

갑자기 웃음이 나왔다. 이 무슨 해프닝인가?

내가 정작 들으며 즐기고 싶은 것은 심금을 울리는 곡조요 아름다운 선율인데, 나는 어찌 이 음악의 껍데기에만 정신이 팔려있을까? 이런 나의 내면을 들여다보았다.

혹시 이 곡의 제목을 기억해야만 이 음악을 제대로 안다고 착각하는 것은 아닐까. 제목은 이 곡을 다른 곡과 구분하여 불러주기 위한 상품의 라벨 같은 것으로 콘텐츠와는 별개이다. 제목을 기억한다는 것은 나의 기억력이 좋다는 것을 의미할 뿐 이 음악의 본질과는 무관한 게 아니겠는가?

나는 성장하면서 배우며 수많은 지식의 장막 속에 갇혀버렸다. 일상에서 매일 스마트 폰을 열 때마다 쏟아져 나오는 새로운 지식의 부산물들. 갈수록 감각의 문은 좁아지고 의식은 무뎌졌다. 나는 매 순간 접하는 대상을 있는 그대로 새롭게 받아들이지 못한다. 대상을 지식의 언어로 분별하고, 세상이 정해놓은 틀과 패턴에 따라 범주화하고, 나의 제한된 관점으로 의미를 부여하고 판단한다.

"이 곡은 러시아의 대작곡가 차이콥스키의 곡으로 1878년에 작곡되었으며 낭만주의 작품으로 3악장으로 구성되어……"라는 장황한 언어의 표상에 매여있는 한, 이 곡이 전하려는 메시지, 음악의 본질에 접근하는 가슴 뛰는 설렘, 감각적 감동과 희열은 점점 멀어진다.

언어가 가지는 한계성은 일상에서 타인과의 소통 과정에서도 확인할 수 있다.

"언어는 존재의 집이다"라고 한 하이데거의 말이 생각난다. 그러나 우리는 언어로 소통하는 과정에서 언어의 한계성으로 인해, 나와 상대의 생각과 느낌을 정확하게 드러내거나 이해할 수 없는 경우가 많다. 즉, 언어(text) 뒤에 있는 진실을 알기 위해서는 열린 감각으로 언어 이면의 맥락(context)을 살피고 확인하여야 하는 것이다. 또한 언어를 상대의 관점에서 이해하려고 노력하고 들여다보고 의심해야 할 때도 있다.

불교에서는 언어를 '뗏목'에 비유하곤 한다. 그저 피안으로 건너가기 위한 수단에 불과할 뿐, 피안에 이르면 이 '뗏목'은 필요 없어진다. 그래서 선(禪) 수행을 하던 옛 선사들은 언어에 대해 매우 부정적 시각을 가졌던 것 같다. 깨달음은 언어를 떠나있기 때문에, '사람의 마음을 곧장 가리켜 자성을 봄으로써 부처가 되며, 문자에 의지하지 않고 경전의 가르침 밖에서 따로 전한다(直指人心 見性成佛, 不立文字 敎外別傳)'라고 하지 않았나.

일상을 돌아보았다.
산책 때마다 마주치는 아름다운 꽃, 나무, 그리고 엄마와 산책 나온 반려견들….
나는 그동안 이들을 열린 감각으로 바라보며 지금 여기, 있는 그대로를 수용하고 교감하였던가? 묻지 않을 수 없다.
이들의 본질보다는 꽃의 이름, 나무의 이름 그리고 반려견의 종의 이름을 아는 것이 이들을 더 잘 이해하고 아는 것이라 착각하지는 않았나? 인터넷을 뒤지고 도서관에 가서 백과사전을 들척이며 부산을 떨지 않았던가? 알수록 더 사랑하게 된다고 생각해서일까?
이제는 대상의 껍데기에 대한 사랑보다는 본질을 더 사랑해야겠다고 다짐해본다.

물론 이러한 언어의 한계성에도 불구하고, 여전히 언어는 대상과의 소통에 있어서 없어서는 안 되는 중요한 수단임에 틀림이 없다. 내 생각을 정확히 표현하고 상대의 생각을 왜곡하지 않고 이해하기 위해서 말이다.

문명사적 관점에서 볼 때, 문자가 만들어지고 활자화되어 책으로 편찬됨으로써 우리 인류의 문화가 비약적으로 발전하였다는 사실을 보면 언어와 문자의 유용성을 잘 알 수 있다. 다만, 눈에 보이는 언어의 장막에 얽매여 내면의 본질을 소홀히 하는 우를 범할까 염려스러울 따름이다.

언어의 장막에 얽매이지 않고 열린 감각으로, 있는 그대로를 볼 때 비로소 우리는 진실의 문에 한 걸음 더 가까이 갈 수 있을 것이다.

루소에 빠지다

요즘 루소의 매력에 푹 빠졌다.

오늘도 온종일 그의 생각에 공감하고 손뼉을 치고 감동하며 그와 함께했다. 250여 년이 지났음에도 그의 가르침은 한마디도 놓치지 않고 새겨들어야 할 말인 듯싶다. 이게 바로 고전이 가진 힘이 아닐까?

내가 루소에 호감을 느끼고 있는 것은 그의 삶이 평탄치 않고 고난의 여정이었음에도 포기하지 않고 당당하게 삶의 주인이 되었으며, 그의 사상은 동시대는 물론 후대의 많은 사람에게 영향을 주었다는 점이다. 70년도 채 되지 않은 짧은 생을 살면서, 그중 절반의 기간은 타인의 하인으로 살 수밖에 없었던 한 인간의 생각이 이렇게 오랫동안 수많은 사람에게 감동을 줄 수 있다니!

그동안 수많은 삶을 봤지만, 루소는 색다르다.

열악한 환경의 극복과 깊은 자기 성찰, 그리고 세상을 보는 안목은 나의 멘토로서 손색이 없다. 몽테뉴, 베토벤에 이어 나의 든든한 멘토가 한 사람 더 늘었다. 당분간 그가 쓴 글이나 그에 대한 사람들의 평전을 꼼꼼히 읽고 음미하고 공감하며 내 생각을 다시 정리해보고 싶다.

노트북으로 도서관 사이트를 방문하여 그와 관련된 서적 중 읽고 싶은 책 5~6권을 더 선정하였다. 앞으로도 당분간은 그와 함께 에르미타주 숲을 산책하며 그의 말에 귀 기울여 듣는 행복한 시간을 가지게 될 것이다. 벌써 마음이 설렌다.

그의 책을 읽으며 생각해보고 싶은 주제는 다음과 같다.

먼저, 세속에 물들지 않는 자유의지를 가진 점이다.

루소는 18세기 초, 매우 조악한 환경에서 성장하였다. 그는 이렇다 할 교육도 제대로 받지 못했고 17세 때부터 고향을 떠나 떠돌아다닐 수밖에 없는 불우한 환경을 거쳤다. 그 당시에는 타고난 환경에 의하여 개인의 삶이 거의 결정되었음에도 시류에 휩쓸리지 않고 꿋꿋하게 자신만의 삶을 일구었다. 하물며 환경보다 의지가 더욱 중요시된 오늘날에도 환경의 굴레에 얽매여 힘들어하는 우리에게 많은 자극과 영감, 성찰의 기회를 주게 될 것이다.

다음으로는, 그의 자연에 대한 통찰이다.

그는 인간이 태어날 때 신으로부터 부여받은 본성을 보전하기 위해서 "자연으로 돌아가라"고 외쳤다. "자연은 질서가 내재한 근원이며 자연을 벗어나면 무질서가 초래되고, 신은 그 질서를 통해 존재하는 것들을 유지하며 균형과 조화를 만들어낸다"는 철학을 가진 그는, 이런 자연 속에서 마음의 평화와 자유를 만끽하며 행복을 느겼다. 그는 사색을 위해 산책을 즐겼고 자연 속을 거닐며 늘 식물을 관찰하고 채집하며 유유자적하였다. 경사진 언덕의 확 트인 공간에 하얗게 피어난 사과꽃 과수원 사이로 난, 호젓한 오솔길을 혼자 뒷짐 지고 걸어가는 그를 보는 듯하다.

　마지막으로, 그의 인간다운 삶을 음미하고 싶다.
　그는 자신에 대하여 지극히 겸손하였고 권위의 굴레에서 벗어나 소박하면서도 솔직한 인품을 소유하였다. 그는 내향적이었고 남다른 감수성을 갖고 특유의 날카로운 이성의 촉으로 자신이 옳다고 생각하는 신념에 따라 살았다. 고지식할 정도로 순수했고 남을 의식하지 않고 살다 보니 사회나 주위 사람들과의 의견 대립과 갈등으로 자주 부딪치고 경계와 비난을 받게 되어 실망, 좌절, 배신 등 마음의 상처를 많이 받았다.
　그는 현실의 혼란과 무질서 속에서도 자신의 신념을 포기하지 않았으며 "진정한 자유는 자신에 대해 전적인 권한을 지니는 것이다. 가장 강한 자는 스스로를 자기 권한 속에 지니는 자다"라는 몽테뉴의 말대로 삶의 주인으로서 진정한 자유인이 되었다.

　그는 덧없는 욕망을 절제할 줄 알았고 세상의 무상함을 통찰한 인간이기도 하였다. 그는 죽기 2년 전부터 써온 《고독한 산책자의 몽상》에서 이런 말을 하였다.

> 욕망의 감정은 어떤 것이든, 언제나 내 생각을 우울하고 불쾌하게 만든다. 나는 오직 육체와 관련된 흥미를 완전히 잊어버림으로써 정신적 쾌락의 진정한 매력을 발견한다.

그는 이렇게 세속적 욕망의 굴레를 벗어나기 위해 마지막까지 분투하였다. 지금 내 나이 때 이 책이 쓰였다는 것이 무엇보다 나의 관심을 끈다.

그의 생각과 내 생각을 비교해본다. 그는 내 동년배 친구이다. 현명한 이 친구의 말 한마디 한마디에 귀를 기울이지 않을 수 없다.

이 책을 꼼꼼히 읽으며 나의 삶을 다시 조명해보고 싶다.

루소와 함께한 시간

요즘 루소와 교감하며 상상의 나래를 펼치는 시간이 행복하다. 그의 책을 통하여 그의 사상을 정리해본다.

그는 《사회계약론》에서 주권은 항상 국민에게 속하며 양도될 수 없으며, 국민의 보편적 의지의 실현을 위해서 강력한 직접 민주주의를 제시하였고, 국가는 대리인으로서 법을 집행할 뿐이라고 주장하였다. 이 자유와 평등 사상은 프랑스 혁명에 지대한 영향을 주었고 당시 프랑스 국왕이었던 루이 16세가 루소와 볼테르의 글을 읽고 "나의 왕국을 쓰러뜨린 것이 바로 이 두 사람이다"라고 했다는 말이 전해진다.

《에밀》에는 인간을 향한 지극한 사랑과 자유에 대한 존중과 희망이 녹아있다.

인간은 본래 선하고 자유로운 인간으로 태어났지만, 온갖 악덕, 허위로 황폐한 사회에서 타락하게 되었으며, 교육과 자연을 통하여 순수하고 선한 인간의 본성을 되찾아야 한다는 것을 주장하였다. 이

사상은 칸트나 괴테, 실러 등 철학자들과 교육자 사이에서 폭발적 인기를 끌었는데, 칸트는 그의 산책 시간까지 잊어버릴 정도였다고 한다. 그러나 한편으로 이런 급진적인 교육론은 교육계와 사회체계를 흔드는 도전장으로 여겨져 많은 비난을 야기하기도 했다.

또한 이 책에는 '사부아 신부의 신앙고백'에 대한 글이 담겨있었는데 그 내용은 '신은 인간 자신이 알아서 악을 행하지 않고 선을 행하도록 인간을 자유로운 존재로 만들었고, 누구나 바르고 선하게 살면 행복해진다'는 것이었다. 이 글로 인해서 그는 기존 세상에 통용되던 종교관과 배치된다는 이유로 종교계로부터 심한 비난을 받기도 하였다.

결국, 《사회계약론》과 《에밀》은 출간되고 얼마 지나지 않아서 국가와 종교계, 일부 철학계의 반발로 금서로 지정되었고 그에 대한 체포령까지 내려져 그는 여기저기 방랑 생활을 시작하게 된다. 찾아간 고향 '모티에'에서도 루소에 대한 반감이 고조되고 급기야는 돌팔매질까지 받게 되어 생 피에르 섬으로 피난을 가게 된다. 그는 거기서 종종 안전하고 충만한 행복을 경험한다.

그는 "물이 흐르는 대로 떠내려가는 배 안에 누워있거나, 물결치는 호숫가에 앉아서 또는 아름다운 개울가에 앉아 고독한 명상에 잠겼을 때가 행복했었다"라고 《고독한 산책자의 몽상》에서 고백한다. 이렇게 만년에 그는 나아질 것이라는 희망도 포기하고 자연 속으로 은둔함으로써 마음의 평화를 찾았다.

그가 말년에 펴낸 《고독한 산책자의 몽상》이라는 10편의 단상 내면에 흐르는 기조 색조는 연한 회색이다.

그는 세상 사람들에게 실망하여 "가장 가깝게 지내는 사람들조차 나를 모른다"고 하며 상처받은 마음을 하소연한다. 결국 그는 그러한 악의 있는 사람들의 행동을 인간의 이성으로 간파할 수 없는 '신의 비밀'로 간주하고, 더 이상 날을 세우고 싸우길 포기한다. 그러면서도 신은 정의로우니 '내가 결백하다'는 것을 알기 때문에, 자신은 사람들과 운명이 하는 대로 그냥 내버려두고 참고 견디는 법을 배우라는 메시지로 해석하고 속 편히 받아들인다.

그는 마침내 자기 내면과 자연 속에 빠져들어 자신만의 즐거움에 탐닉한다. 그는 말한다.

> 내 마지막 날을 내 영혼과 대화를 나누는 달콤한 즐거움에 온전히 몰두하자. 그것만이 사람들이 나에게서 빼앗아 갈 수 없는 유일한 것이다. (첫 번째 산책 중)

> 진정한 행복의 원천은 자기 안에 있고, 행복해지기를 선택할 줄 아는 사람은 결코 다른 사람들에 의해 비참해지지 않는다는 것을 경험으로 깨달았다. (두 번째 산책 중)

이어 세 번째 산책에서는 "나는 항상 배우면서 늙어간다"라는 '솔론'(아테네 정치가, 시인)의 구절을 자주 읊조리면서도 자신의 얼마 남지 않은 생(루소는 자신이 질병으로 곧 죽을 것을 인식하고 있었다)을 의식하며 배운다는 것에 회의를 느끼게 된다. 그럼에도, 그는 "소신과 원칙은 확고부동하게 하며 능력이 미치는 한도 내 만족하자"라고 자신에게 다짐한다.

이 글을 읽는 내내 내 마음을 불편하게 했던 것은 그에 대한 사회의 배타적이고 냉담한 반응이었다. 오늘날 그의 역작 《사회계약론》과 《에밀》이 훌륭한 고전으로 인정받고 있지만, 그 당시 절대적 국가권력이나 종교계, 사회의 기득권층에게는 반항이요 도전으로 간주되었다. 시대를 앞서간 선구자의 숙명에 고개가 숙여진다. 한편으로 비사교적이고 지나친 결벽증으로 강박에 시달리는 그에게 진한 연민도 느끼게 된다. 그는 속마음을 이렇게 실토한다.

> 나는 길을 물어보는 것조차 좋아하지 않는다. 그런 경우 대답해 주는 사람에게 내가 종속되기 때문이다. 차라리 쓸데없이 길을 찾아 헤매는 편이 더 낫다. 기진맥진해져도 나 자신 이외에는 그 무엇에도 빚진 것이 없다는 생각에 큰 위안을 받는다. (〈자전적 단상〉 중)

그는 이렇게 남으로부터 받는 사소한 도움에도 '채무 의식'을 느끼고 오히려 짐이 되지 않는 '자발적 가난'을 선택했던, 너무나 순수하지만 쉽게 상처받는 영혼을 가진 사람이었다. 이것은 아마도 그가 어릴 적 불우한 가정환경에서 세상으로부터 받은 트라우마에서 비롯된 것이 아닐까 싶기도 하다. 그가 요즘 같은 세상에 태어났더라면 더욱 살기가 힘들지 않았을까.

그에게는 명예도 재산도 심지어 명성도 무가치하였다.

말 한마디 하는 것, 편지 한 장 쓰는 것, 누군가를 방문하는 것도 의무로 생각하여 '고문'이라고 실토한다. 하지만 이러한 극단적인 비사교적 성격임에도 '진정한 우정'에 대해서는 소중한 가치를 두었다. 그에 있어서 '진정한 우정'은 더 이상의 의무가 없으며 감사도 요구하지 않고 각자 자신의 마음을 따르기만 해도 괜찮은 우정이었다.

그는 마침내 말년에 홀로 들판과 숲, 호수 등 자연 속을 산책하며 자신의 영혼과 대화를 나누고 자신의 삶에 대한 깊은 성찰의 시간도 아끼지 않았다. 《고백론》이나 《고독한 산책자의 몽상》에서 그가 자신의 모순적 삶에 대해서도 솔직하게 폭로하기를 주저하지 않았다는 점에서 나는 큰 감명을 받았다.

이렇듯 그의 인생은 시종일관 롤러코스터를 타는 변화무쌍한 삶이었지만, 그의 자유로운 영혼은 세상의 경직된 사고와 타협을 거부하였고, 흔들림 없는 신념은 주위의 비난과 박해에도 굳건히 버티어 후세 수많은 사람에게 긍정적 영향을 끼치고, 또 그들이 삶을 변화시켰다. 그는 마지막까지 자연 속에서 자신만의 공상을 즐기며 인간다움을 만끽하고 소박한 행복을 추구했던, 너무나 위대한 거인이었다.

> 지상에서 나의 모든 것은 끝이 났다. 이제는 어느 누구도 내게 잘해 줄 수도 해를 끼칠 수도 없다. 이제 내가 기대하거나 두려워할 것이 이 세상에는 하나도 남아있지 않으니 불운하고 불쌍한 인간인 나는 깊은 심연 속에서 이렇게 신처럼 태연하고 평온하다.
> (장 자크 루소, 《고독한 산책자의 몽상》 중)

중단할 수 있는 용기

어느 날 아침 신문을 보던 중, 갑자기 속에서 내지르는 소리가 들렸다.

"이런 기사를 내가 꼭 봐야 하나?"

"안 보면 사는 데 지장이 있는 걸까?"

보고 싶지 않고, 꼭 보지 않아도 될 기사에 더 이상 내 마음을, 시간을 뺏기기 싫었다. 남들 다 하는 것이라고, 일종의 의무감 같은 것에 이끌려 진정 내가 무얼 원하는지 잊어버리고 사는 건 아닐까? 나를 돌아보게 되었다.

"마땅히 국민이라면 신문을 봐야 한다"라고 세상이 암묵적으로 그려놓은 잣대에 맞춰 습관적으로 매일 아침 신문을 뒤적이는 내가 있었다. 하루 이틀도 아니고 무려 50년이 넘는 세월 동안, 거의 같은 시각에 동일한 행동을 해왔으니 당연하다고 생각할만도 했다.

한편으로 이런 생각이 들었다.

세상에서 이미 오랫동안 붙여진 의미라 하더라도 맹목적으로 수용해선 안 된다. 내가 판단하여 확인된 의미여야 한다. 과거에 확인된 것이라도 지금 나의 원칙과 신념에 어긋난다면 가차 없이 의미를 부여하지 않는 것이 옳지 않을까.

영원한 것은 없다.

10년 전의 내가 현재의 내가 아닌 것처럼, 현재의 이 신문도, 한때 아침마다 새로운 것으로 나의 마음을 설레게 했던 그때의 신문이 아니다. 지금 신문이 본래의 역할을 제대로 해내지 못하고 있다면, 그동안의 정으로 아쉽긴 하지만 이제는 작별해야 할 때가 된 것이다. 하지만 이 아이가 다시 정신을 차리고 제자리를 찾게 되면, 언제라도 돌아온 탕자를 맞는 부모처럼 반갑게 맞이할 것이다.

앞으로 내가 듣고 싶고, 보고 싶은 것이 있다면, 스스로 인터넷을 검색하거나 유튜브를 찾아 즐기면 된다. 그러면 보기 싫거나 듣고 싶지 않은 것을 피할 수 있다. 남의 눈치를 의식하지 않고 거리낌 없이, 진정 내가 하고 싶은 것을 하고, 하고 싶지 않은 것을 거부하며 살고 싶다. 나 자신에게 좀 더 솔직해지고 싶다. 더 이상 나를 구속하는 것은 없다.

이렇게 나는 단, 몇 분 만에 50년 동안 이어오던 습관의 굴레를 미련 없이 끊어버렸다.

'이것만은 반드시 해야 한다'든지 '이런 행동은 무슨 일이 있더라도 해서는 안 돼'라는 건 이제 내 사전에서는 사라졌다.

홀가분하다.

문득 어느 책에서 저자가 했던 말이 떠올랐다.

저자는 "무언가를 그만두는 일은 지금껏 걸어온 길의 바로 옆에 '또 다른 길이 있다'는 사실을 깨닫는 과정이었다"라고 하면서 한마디 덧붙인다.

"몸과 마음이 편안해지고 삶이 놀랍게 편해졌다"라고.

나 역시 '중단할 수 있는 용기'로 삶의 주인으로서 자유로움을 만끽하게 되었다.

3

산책길에서 삶의 지혜를 만나다

버티는 힘

살아가다 보면 생각지도 못한 수많은 고난을 맞닥뜨리게 되는데, 지난 경험을 되살려 지혜롭게 대처할 수 있는 길이 뭔지, 어떤 자세로 어떻게 버텨내야 할지 생각해봤다.

삶의 주인으로서 살아가기 위한 몇 가지 나만의 원칙을 정해본다.

첫째, 난관을 회피하지 않고 직면한다.

살다 보면 좋은 일이 있으면 나쁜 일도 만나게 되는 법이다. 어찌 좋은 일만 있길 바라겠는가. 바라지 않은 일에 대해서도 페르시아의 시인 '잘랄루딘 루미'처럼 손님으로 정중히 맞고 싶다. '루미'는 자신의 집과 가구가 망가지더라도 기꺼이 웃으며 맞는다고 하지 않았던가(그의 시 〈여인숙〉 참고). 내가 겪을 고난을 나의 영혼의 성장을 위한 배움의 한 방편으로 생각하고 감사하며 수용한다. 이런 자세로 난관을 대할 때 비로소 나는 내 삶의 주인이 되는 것이다.

둘째, 비록 깨지더라도 최선을 다했다면 실망하지 않는다.

난관에 대처하다 보면 결과가 바람직스럽지 않을 때도 있겠지만,

내가 통제할 수 있는 범위 내에서 최선을 다했다고 생각되면, 더 이상 미련을 갖지 않고 후회도, 실망도 하지 않는 자세다. 나의 능력의 한계를 솔직히 인정하고 수용하는 것이 진정 나를 사랑하는 자세가 아닐까?

셋째, 판단하여 선택한 것에는 기꺼이 책임을 진다.
난관에 대응한 결과가 어떻든 관계없이, 객관적인 시각에서 거리를 두고 다시 이 난관을 들여다본다. 최선을 다했다고 하지만, 대처 방법이나 수단, 대처 과정에 문제가 없었는지, 다른 대응 방안은 없었는지를 재고해본다. 그리고 이미 선택한 것에 대해서는 기꺼이 책임을 진다. 나의 길은 내가 주체적으로 결정하고, 판단하고, 책임진다는 의연한 자세다.

자신의 길을 버티며 당당하게 살아간다고 생각하니 떠오르는 옛 위인이 있다.

먼저, 이탈리아 조각가 미켈란젤로다.
그는 탁월한 능력에도 불구하고 주위로부터 지지를 받을 때보다 그의 천재성을 이해받지 못한 채, 시기와 박해에 시달리고 비난받을 때가 많았다. 그럼에도 그는 언제나 당당하고 떳떳했다. 이런 일화가 있다.

미켈란젤로가 그의 걸작 중 하나인 시스티나 성당의 천장화를 그릴 때의 일이다.

600제곱미터나 되는 대형 천장화를 완성하기 위해 받침대 위에 누운 자세로 천장 구석에 인물 하나를 힘들게 그리고 있었다. 그때 친구가 다가와서 물었다.

"자네는 이 구석진 곳에 잘 보이지도 않는 인물 하나를 그려 넣기 위해 왜 이렇게 고생하는가. 이게 완벽하게 그려졌는지 누가 알겠는가?"

"내가 알지." 미켈란젤로가 말했다.

그는 누가 보든 말든 자신이 할 일이 무엇인지 정확히 알고 있었고, 그것에 집중했다. 이 작업이 반쯤 진행되었을 때였다. 교황 율리오 2세가 그림이 언제쯤 끝나겠는지 물었을 때, 그의 대답은 지극히 단순했다.

"교황님, 제가 그림을 완성하는 때입니다."

이렇게 그는 삶의 주인으로서 일을 사랑하며, 죽는 날까지 망치와 끌을 놓지 않고 자신만의 길을 걸어갔다. 그는 인생의 숱한 고난과 비극을 경험하고 '인생은 고통의 여정'이라고 하며 그 허망함을 〈다비드〉, 〈피에타〉, 〈최후의 심판〉, 〈성 베드로 대성당 돔〉 등 인류 역사상 불후의 명작으로 승화시키고 당당하게 생을 마감하였다.

　한편으로 버티는 힘은 에고의 끊임없는 유혹에도 불구하고 자신의 분수를 알고 끈기 있는 기다림으로 표출되기도 한다. '기다림의 미학'을 생각할 때, 또 한 사람의 위대한 예술가를 생각하지 않을 수 없다. 그는 바로 첼로의 성자 '파블로 카잘스(Pablo Casals)'다. 그의 일화를 들여다본다.

　카잘스는 바르셀로나 한 헌책방에서 우연히 바흐의 무반주 첼로 모음곡 악보를 발견하게 된다. 그의 나이 13세 때였다. 이 바흐의 6곡의 무반주 모음곡은 200년 동안 잠자고 있다가 비로소 세상에서 빛을 보게 된 것이다. 파블로는 이 곡을 매일 연구하고 연습했지만 6곡 중 한 곡도 무대에 올릴 용기를 내지 못했다. 그 후 22세에 바르셀로나 음악원 교수로 초빙되어 정상급 현악 사중주 멤버로 활동하면서 악보를 발견한 지 12년 후인 25세 때, 드디어 그 곡을 공개 연주 할 수 있었다. 그러나 정작 이 곡을 레코드로 발매한 것은 그의 나이 60세에 녹음을 시작하여 3년 후에야 가능하였다.
　공개연주를 한 지 무려 35년이 걸린 것이다. 그의 실력으로 보면 20대 중반에도 가능하였을 듯도 한데, 웬일일까? 젊은 기분에 곡을 빨리 녹음하여 세계적으로 이름을 떨치고 싶은 욕심도 있었을 터인데 말이다. 그러나 그는 에고의 유혹을 잠재우고 존경하는 음악가의 명예에 누(累)가 되지 않도록 기나긴 세월을 연습하며 견뎌낸 것이다. 이것이 내가 카잘스에 빠질 수밖에 없는 이유이다. 나는 그가 연주한 두 장의 바흐 무반주 첼로조곡 전곡 CD를 지금도 소중하게 간직하고 때때로 즐겨 감상한다.

그가 세상을 뜨기 이태 전, 또 하나의 유명한 일화가 있다.

어느 기자가 95세의 카잘스에게 물었다.

"선생님은 역사상 가장 위대한 첼리스트로 손꼽히는 분입니다. 그런 선생님께서 지금도 하루에 6시간씩 연습한다고 들었는데, 이유가 무엇인지 알고 싶습니다."

카잘스는 활을 내려놓고 대답했다.

"왜냐하면, 나는 지금도 연습을 통해 조금씩 발전하고 있기 때문이네."

그는 이렇게 삶의 마지막까지 자신에게 주어진 능력을 발휘하며 버텨나가는 숭고함을 보여주었다.

앞의 두 위인의 삶을 보면 일맥상통한 것이 있다.
그것은 닐아드미라리(nil-admirari) 자세로 삶을 살아가는 것이다.

이 말은 고대 로마시인 호라티우스가 행복을 유지하기 위한 유일한 길이라며 그의 《서간집》에 남긴 말인데 '어떤 일에도 마음이 흔들리지 않는다'는 뜻이라고 한다.

그렇다!
이들은 모두 어떠한 난관도 꿰뚫어버리는 날카로운 창을 갖는 대신, 어떠한 난관도 버티며 감당할 수 있는 방패를 갖고서 자신의 길을 갔다.

기꺼이 그리고 당당하게.

진정한 자유

 진정한 자유란 어떤 걸까?
 아무 거리낌 없이 내가 하고 싶은 대로 할 수 있는, 그런 것인가? 어떤 이는 내가 하고 싶지 않은 걸 하지 않을 때야말로 진정한 자유를 느낀다고 설파한다. 이 말에 어느 정도 공감이 간다. 나 역시 하고 싶은 걸 하는 기쁨보다는, 하고 싶지 않은 걸 해야 할 때 고통의 크기가 훨씬 더 크게 느껴지기 때문이다. 또한 기쁨에 대한 기억보다 고통의 상처가 더 오래 지속되기 때문인 줄도 모른다.

 지난날을 되돌아본다.
 우리는 하고 싶지 않았던 것들로 인해 얼마나 자주 상처받고 고통받아왔던가?
 사회적 통념이나 제도, 규정, 도덕이라는 명분 때문에 꼭 하지 않아도 될 것을 억지로 해야만 했던 기억들이나, 또는 주위의 시선 때문에 할 수 있다고 생각했던 것을 포기할 수밖에 없었던 기억들이 두더지 잡기 게임에서처럼 속속 얼굴을 내민다.
 '반드시 ~해야 된다' 또는 '절대 ~해서는 안 된다'는 세상의 프레임에 갇혀서, 타당한 논리나 근거도 없이 자기의 생각을 남에게 강요하는 폭력을 행사하는 사람들, 어깨에 힘을 주고 자신의 알량한 지식을 남에게 가르치려고만 하는 사람들, 자신도 제대로 건사하지 못하면서 남의 일에 시시콜콜 간섭하고 좌우지하려는 주제넘은 사람들 등등 이런 사람들 틈바구니에서 우리의 자유는 찌그러지고, 쉴 새 없이 상처받고 고통받는다. 우리 역시 이러한 사회 속에서 살다 보니 자신도 모르는 사이에 가해자가 되기도 한다.

지금의 나는 과연 자유로울까? 생각해보았다.
이전보다 상대방의 눈치를 덜 보게 되었고, 하고 싶은 것을 방해하는 요소들도 덜 의식하는 걸 보면 확실히 내가 자유를 더 맛보게 된 것 같다. 이것은 주어진 환경이나 여건이 나에게 우호적이라서보다는 상황을 보는 나의 관점의 변화에 더 의미를 두고 싶다. 내가 주인인 삶을 만들어간다는 신념에 따라 살아가다 보니 그만큼 자유로움도 더 크게 느끼게 되지 않았을까. 하지만 아직도 진정한 자유를 즐기기에는 갈 길이 멀다.

우리는 식물로부터 개인의 자유로운 삶을 살아가기 위한 힌트를 얻기도 한다.
식물의 삶에서 타인의 삶에 어설픈 참견이나 섣부른 기대를 하지 않는 '관용'의 정신을 배운다. 식물은 무엇보다도 주어진 자기만의 삶에 집중하고 옆 동료들을 배려하기도 한다. 또한, 주위의 환경 조건이 생존에 바람직하지 않을 경우, 불평하는 대신 수동적으로 자신을 끊임없이 변화시켜 대응해나가는 자세 또한 우리가 배워야 할 지혜이다.

진정한 자유를 위해서 시선을 바깥에 두지 말고 내면에 두고 싶다. 외부의 환경과 삶의 여건은 나의 통제 밖에 있으므로, 내가 노력한다고 개선될 성질이 아니기 때문이다. 내가 오롯이 할 수 있는 것은 세상을 보는 나의 주관적 관점의 변화뿐이다. 내면의 눈으로 세상을 재창조하는 것이다. 마치 겨울 함박눈이 온 세상을 하얗게 물들여 완전히 딴 세상으로 만드는 것처럼 말이다.

상대방의 겉치레 칭찬에 우쭐하지 않고, 설익은 비난에도 주눅 들지 않으며, 오로지 나의 내면의 소리에 귀 기울이며 스스로 자신만의 길을 선택하는 삶에서 진정한 자유인의 면모가 엿보인다. 현실을 부정하거나 섣부른 희망도 바라지 않고 현실을 기꺼이 수용하면서, 있는 그대로를 보는 눈을 기르는 것이다.

프리모 레비가 아우슈비츠 강제수용소에서 보았던 경이로운 시선 정도는 아니라 할지라도, 세상을 왜곡하지 않고 따뜻한 시선으로 보는 것이다. 어떤 상황에서도 보편적 인간에 대한 신뢰와 애정을 잃지 않고 자신이 맞닥뜨린 삶을 받아들이고 껴안으며 견뎌내는 내면의 힘이야말로, 진정한 자유를 누리는 비결이 아닐까.

인생은 매 순간 주어진 생각과 행동을 통해 나만의 개성과 본질을 드러내며 세상에 하나밖에 없는 퍼즐을 짜 맞춰가는 여정이다.

   결국 진정한 자유는 내가 삶의 주인으로서 판단하고 당당하게 행하고 책임질 때 비로소 향유될 수 있는 것이었다.

폐 끼침의 미학

타인에게 폐를 끼친다는 의미는 뭘까?

나의 행위가 상대방에게 정신적으로 괴로움을 주거나 물질적으로 손해를 입힌다는 것을 뜻하는 말인데, 다분히 포괄적인 개념으로서 보통은 나로 인하여 상대가 수고스러운 상황에서 두루 사용하는 것 같다.

우리는 어릴 적부터 부모님이나 학교 선생님으로부터 끊임없이 다른 사람한테 폐 끼치는 사람이 되지 말아야 한다고 교육을 받아왔다. 나 역시 어릴 적부터 남의 도움 없이도 당당하게 자립할 수 있는 사람을 본받아야 한다고 생각해왔다. 남에게 부탁하게 되는 것을 창피하고 떳떳하지 못한 행동으로 치부하여, 가능하면 남에게 부탁하지 않고 스스로 문제를 해결하려고 노력해왔다. 이런 의식은 보통 사람이라면, 특히 유교 문화권의 동양인에게는 누구나 마음속에 간직하고 있을 거라고 생각된다.

한편, 이렇게도 생각해볼 수 있지 않을까?

우리는 살아가면서 크고 작은 문제와 끊임없이 직면하게 되고, 자의적이든 타의적이든 남의 도움을 받지 않을 수 없다. 때때로 내가 타인에게 도움을 받은 것 이상으로 남에게 도움을 주기도 한다. 현실적으로 우리는 특정 상대로부터 도움을 받게 되었을 때, 그 상대에게 그동안 내가 얼마나 도움을 주었는지의 경험을 참작하여 미안함을 느끼거나 혹은 당연히 받을만하다고 느끼게 된다.

또한, 상대방이 나를 어떻게 생각하고 있느냐에 따라서도 다르게 느낄 수도 있다. 내가 하는 행위가 상대에게 폐가 된다고 생각하지만, 상대는 전혀 그렇게 생각하지 않고 당연한 일로 받아들이는 경우도 얼마든지 일어날 수 있다. 또는 그 반대의 경우도 충분히 생각할 수 있다. 우리는 상대의 마음을 잘 읽을 수가 없으니 오판으로 인한 갈등의 사례도 흔히 경험하곤 한다.

나의 경우 아들의 결혼 청첩을 할 때 이런 고민을 살짝 했다. 혹시라도 청첩장을 받는 사람에게 폐가 되지 않을까, 하는 염려에서 말이다. 결국, 폐를 끼친다는 생각은 나와 상대의 상호 관계 속에서 자연스럽게 주관적으로 느끼는 '무언의 역학'이라고 할 수 있을 것 같다.

언제부턴가 나는 이런 미묘한 갈등의 소지를 최소화하기 위해 나만의 원칙을 세웠다.

내가 그동안 베풀었던 행위에 대해서는 가능한 한 빨리 머릿속에서 지워버리고, 내가 도움을 받았던 은혜에 대해서는 오랫동안 기억 속에 간직하여 잊지 않으려고 노력하자는 것이다.

이것은 나의 개인 신념 중 '바라지 않는 삶'과도 관련이 있다. 이 신념은, 내가 특정 개인에게 선행을 베푸는 것은 그동안 세상으로부터 내가 입은 크고 작은 은혜에 대하여 빚을 갚는 행위라는 인식에서 나왔다. 따라서 나의 베풂에 대해서는 특정 상대로부터 보상을 기대할 수 없는 것이다. 나의 도움을 받은 특정 개인은 내가 세상에서 빚을 갚도록 기회를 제공한 것일 뿐이기 때문이다. 반면에 내가 받았던 은혜에 대해서는 언젠가 반드시 갚아야 할 일이라면 내세로 넘기지 않고 이 세상에서 빨리 갚는 것이 좋다는 생각이다.

하지만 정작 내가 살면서 가장 많은 신세를 진 사람은 부모님이 아닐까 생각된다. 누구에게나 공통된 일이겠지만 인간은 태어나면서 성장하고 결혼하기까지 줄곧 부모님의 온상 속에서 살게 된다. 나는 20대 후반에 들어서야 자립하면서 철이 들고 겨우 이것을 깨닫게 되었다.

그동안 부모님의 수고를 내가 폐 끼친다는 생각 없이 당연한 것으로 받아들였으나 지금 생각해보면 결코 당연한 게 아닐 듯싶다. 나에 대한 당신의 관심과 수고는 당신만의 고유한 삶의 희생이라는 기회비용을 톡톡히 치르고 얻게 된 결과이기 때문이다. 나는 단지 당신과 한집에서 같이 살게 되었다는 행운으로 폐를 끼치게 된 것이다.

결국, 당신과 평생 가까운 관계를 지속하게 된 것도, 성장하면서 수없이 폐를 끼치게 된 결과 형성된, 결코 망각할 수 없는 돈독한 신뢰 때문이 아닐까? 폐를 끼친다는 것은, 한편으로는 돈독한 신뢰를 쌓아가는 행위가 된다는 기막힌 역설을 나는 '폐 끼침의 미학'이 라고 부르고 싶다.

 살다 보면 서로 도움을 주고받게 되는 게 인생살이이니, 폐를 끼치는 행위에 대해서 너무 큰 부담을 갖지 않으려고 한다. 은혜를 잊지 않고 갚는다는 마음만 간직하고 있으면 기회 있을 때 언제든 갚으면 될 테니까 말이다. 서로가 큰 부담 없이 도움을 주고받는 과정에서 서로에 대한 신뢰는 더욱 돈독해지고 성숙한 사회가 될 터이니, 이 또한 바람직할 것이다. 나에게 이런 돈독한 신뢰로 맺어진 사람이 있다는 것은 내가 그동안 헛되이 살지 않았다는 반증이며 이런 사람을 가진 것만도 행복한 일일 것이다.

 심리적으로 봤을 때, 우리는 상대에게 폐를 끼치는 행위를 할 때 언젠가는 은혜를 되돌려 갚는다는 것을 염두에 두는 것 같다. 세상살이에 일방적인 희생이나 대가 없는 공짜는 없기 때문이다. 그렇다면, 상대와 앞으로도 계속 인연을 맺고 싶고 기꺼이 은혜를 갚기 원한다면 즐거운 마음으로 폐를 끼치고 싶다. 폐를 끼친다는 행위에 따른 부담도 갖지 않고, 나에게 은혜를 갚을 좋은 기회가 올 것으로 기대하며 말이다.

 이와 관련된 흥미로운 좋은 연구 사례를 얼마 전 책에서 읽었다. 《설득의 심리학》으로 유명한 로버트 치알디니(Robert Cialdini)는 비즈니스 계약을 앞둔 시점, 상대방이 미팅 장소에 도착했을 때 "이

것 좀 도와주시겠어요?"라며 작은 박스를 옮겨달라고 유도했을 때, 이후 계약 또한 순조롭게 이루어진다는 것을 발견했다.

(출처: 김경일, 〈적정한 삶〉, 진성북스, 2021)

 이렇게 상대방에게 다른 사람을 도울 수 있는 기회를 제공하는 것만으로도 상대방은 나에게 호감을 느끼게 된다는 사실이 놀랍다. 이런 관점에서 본다면, 폐를 끼침은 상대에게 부담을 주는 행위가 아니라 오히려 상대와 나의 인연을 이어주는 든든한 연결고리의 역할을 하는 셈이 된다.
 이것이야말로 진정한 '폐 끼침의 미학'이라 하지 않을 수 없다.

 되돌아보면, 나는 주위로부터 너무나 많은 도움을 받아왔다.
 내가 준 것보다 훨씬 더 많은 도움을 받은 게 아닌가 싶다. 그렇다면 내가 가진 재능을 필요로 하는 대상에게 능력껏 아낌없이 나누며 세상에 빚을 되돌려 갚아야 할 것이다.
 이것이 '공생의 원리'에도 부합한 자연스러운 삶이 아닐까?

비움의 미학

점심을 먹은 후 모락산 산책을 나왔는데 지갑을 놓고 나왔다.

옷을 갈아입고 나오면서 깜빡한 것이다. 동네에서 지인이라도 만나면 커피 한 잔이라도 나눌 여유가 사라질까 염려가 스쳤지만 잠깐이었다. 왠지 모르게 어깨가 가벼워지고 발걸음이 가뿐하다.

단지 지갑을 두고 나왔을 뿐인데, 나는 왜 이런 뜻밖의 홀가분함을 경험하게 되었을까?

혹시 스마트 폰까지 두고 나왔더라면 더 큰 자유로움을 맛보지 않았을까? 의도한 건 아니었지만 결과적으로 나는 '자발적 가난'의 상태가 된 것이다. 누구는 일부러 추구하기도 한다는데, 나는 힘 안 들이고 저절로 경험하게 되었다.

자발적 가난의 의미를 생각해봤다.

끊임없이 뭔가를 채우고 성취하고, 때로는 곁눈질하는 에고의 성질을 억제하고 잠재우려 하는 것이라고 할 수 있겠다. 그냥 놔두면 스스로 절제가 되지 않으니 강제적으로나마 에고의 욕망의 고삐를 당겨, 풍요한 상태가 아닌 부족한 상태를 유지하려고 하는 것이다.

이 의미의 저변에는 부와 명예, 권력 등 세속적이고 가시적인 것보다는 내면의 자유로운 영혼을 추구하는 정신이 깔려있다. 우리는 바로 이러한 삶이 진정한 행복을 가져오리라는 것을 머릿속으로는 알고 있지만, 실제 삶 속에서는 쉽사리 선택하지 못한다. 눈앞의 안락함과 풍요로움이 주는 달콤한 맛에 길들여져 타성에 젖어있기 때문이다. 다만 때때로 뜻하지 않게 경험하게 되는 고난과 시련에 직면하여 언뜻언뜻 그 세계를 엿보게 되기도 한다.

문득 자발적 가난을 선택하여 살았던 몇 분의 위인들이 생각난다. 먼저 고대 스토아 철학자 무소니우스 루푸스(Musonius Rufus)와 그의 제자 에픽테토스(Epictetus)가 떠오른다. 그들은 삶의 목표를 자연과 조화를 이루고 덕을 추구하며 사는 것이라 하였고, 물질적 부와 사치가 찰나의 즐거움을 줄 뿐, 오래가지 않음을 알고 부와 명예, 권력을 추구하지 않았다. 그들은 스토아 철학의 핵심 가치인 절제를 특히 강조하였다. 그들은 늘 검소하였고 자신의 신념에 따라 엄격한 삶의 기준을 적용하며 살았다.

루푸스는 척박한 불모지로 귀양을 가있을 때도 실망하지 않고 남에게 도움이 되고자 했으며 태양, 물, 공기에 대한 고마움을 느끼고 그것을 만끽했다. 에픽테토스 역시 진정한 자유가 무엇인지 삶을 통하여 직접 보여주었다. 노예의 신분으로 주인에 의해 다리를 다쳐 평생 절룩거렸음에도, 이것이 장애가 될지언정 자신의 자유로운 영혼을 방해하지는 못한다고 말한 위인이었다.

다음으로 철학자 스피노자(Spinoza)가 생각난다.

그는 자신의 종교적 신념 때문에 24세에 가난한 홀몸으로 국가로부터 추방당했음에도 좌절하거나 분노하지 않았다. 대신 자유를 얻기 위한 대가로 홀가분하게 생각했다. 낮에 렌즈 세공을 하고 밤에 철학을 연구하고 집필하는 고된 삶을 살았으나 그는 가난을 즐기며 만족했다. 그를 후원하려는 사람이 많았으나 모두 거절하였다. 어떤 거상이 유산 상속인으로 그를 지명하려고 했을 때 그는 "자연은 지극히 작은 것에 만족합니다"라고 하며 반려하였고, 자유로운 학문의 연구를 위해서는 루이 14세가 약속하는 부와 명예까지 단호하게 거절한 위인이었다. 그는 42살 때 필생의 대작 《에티카》를 완성하여 오늘날 근대 시민윤리의 토대를 마련하였다.

마지막으로 또 한 사람의 철학자를 떠올리지 않을 수 없다.

오스트리아 대부호의 아들로 태어난, 영국 철학자 비트겐슈타인(Ludwig Wittgenstein)이다. 그가 미국을 방문한다고 하자 미국의 대경제학자 케인스가 '신(神)이 온다'고 했다는 얘기도 전해질 만큼 독특한 개성을 지닌 사람이었다. 브람스, 말러, 지휘자 발터 등 당대 최고의 음악가들을 그의 집으로 초대하여 연주회를 열 만큼 부유한 집안에서 자랐다. 그러나 아버지와 아들 간의 갈등으로 형들이 자살하는 등 불행한 청소년기를 보냈다. 나중에 러셀을 만나 논리학을 공부하였고 1차 세계대전 참전 중 포로수용소에 수감되었을 때 그 유명한 《논리철학논고》를 완성하였다.

수용소에서 석방된 후 아버지로부터 막대한 유산을 상속받았으나 릴케와 같은 가난한 문인들을 위한 기금으로 썼고, 또 형제자매에게 모두 나누어 주었다. 그 이후 그는 극도로 단순하고 검소한 생활을 하였다. 수도원의 조수, 조각일, 건축일, 병원의 짐꾼 등을 했으며, 케임브리지 대학에서 강의를 하기도 하였으나 말년에는 아일랜드의 오두막집에서 은둔하며 연구에 매진하였다. 그는 주어진 막대한 부를 자발적으로 포기하고 죽기 며칠 전까지 철학 일기를 쓸 만큼 철학을 향한 강한 열정을 보여주었다. 그의 심오한 철학과 드라마틱하고 감동적인 삶에 놀라지 않을 수 없다.

이 외에도 그동안 나의 관심을 사로잡았던 루소, 릴케, 간디, 소로, 니어링 부부, 톨스토이 등도 하나같이 비움의 삶을 살다 간 위인들이다.

뛰어난 업적과 함께 위인들이 보여준 숭고한 비움의 삶과는 달리, 평범한 일상에서 자신의 신념에 따라 소박한 비움의 삶을 보여주는 사람들의 이야기들이 종종 언론을 통해 들려온다.

세상 속에서도 욕심을 버리고 절제하고 자신을 비우며 자신만의 자유로운 삶을 살아가는 사람들, 번잡하고 소음으로 찬 도시를 떠나 자연의 평화와 정신적 여유를 찾아 시골로 향하는 사람들, 가진 물건을 최소한으로 줄이고 남는 것은 이웃과 나누며 단순한 삶을 살고자 하는 미니멀리스트(minimalist), 한곳에 정착하지 않고 유목민처럼 떠돌며 소소한 즐거움을 추구하는 노마드(nomad)형 사람들이 바로 그들이다. 이들은 공히 스스로 비움으로써 더욱 정신적 충만함을 만끽하려는, 진정 '비움의 미학'을 실천하는 사람들이다.

비우면 비울수록 더욱 풍요롭고 충만해지는 비움의 미학!
이 아름다운 역설을 음미하기만 해도 행복하다.

삶의 의미를 생각하다

의미 있는 삶이란 어떻게 사는 것일까?

의미 있는 삶의 보편타당한 모델은 어떤 것일까? 아니, 그런 삶이란 게 있기는 한 것일까?

의문이 꼬리를 물고 이어진다.

이 문제를 들여다보기 위해 도서관으로 걸음을 옮긴다. 아우슈비츠 강제수용소에서 살아남아서 삶의 통찰을 담은 빅터 프랭클의 로고테라피(logotheraphy)의 의미 있는 삶에 관한 책을 또 읽어보고 싶었다. 이렇게 하여 그가 강연한 3편의 글이 실린 책을 읽었다.

그가 말한다. "삶은 주어진 것이 아니라 부과된 것이고, 이것은 매 순간 책임을 지고 끝까지 견뎌나가야 하는 과제"라고. 그리고 "운명도, 고통도 인생의 일부이며, 인생에 의미가 있다면 고통에도 의미가 있다"고 했다.

그러면 고통은 어떤 의미가 있는 것일까?

삶을 살아가면서 고통을 겪고 그 속에서 나름대로 삶의 의미를 되새기며 생의 든든한 버팀목이 되었던 기억을 누구나 하나씩은 간직하리라고 생각한다. 나는 그중에서도 고통에서 의미를 찾았던 인물이라고 하면 넬슨 만델라를 가장 먼저 떠올리게 된다.

그는 남아프리카공화국의 극단적인 인종차별주의(Apartheid)로 인해 약 27년의 억울한 감옥살이를 하였다. 그럼에도 그는 마지막 순간까지 희망과 믿음의 끈을 놓지 않았다. 정신적 고통에 시달리면서도 인간 내면의 선한 가능성에 대한 믿음을 포기하지 않고, 자신을 억압하는 사람들을 괴물이나 절대 악으로 보는 대신, 느끼고 생각하는 한 인간으로 바라보았다. 그는 이러한 난관을 통하여 오히려 삶의 참 의미를 깨닫고 고통의 삶을 버텨낼 수 있었다.

(출처: 넬슨 만델라, 《만델라 자서전》, 김대중 역, 두레, 2006)

프랭클의 강연 글을 읽다 보니 죽음의 문턱에서 삶의 의미를 깨닫게 된 좋은 사례를 볼 수 있었다. 인상이 깊어 다시 음미해본다.

수용소에서 그와 어린 시절 알던 한 여성을 만났는데, 그녀는 몹시 비참하고 위독한 상태에서 죽기 며칠 전 그에게 이렇게 말했다고 한다.

"날 이곳에 데려온 운명에 감사해요. 이전에 여유로운 중산층의 삶을 살 때는 심미적 열망이 있기는 했지만, 전혀 진지하진 않았죠. 하지만 지금은 이 모든 고통을 겪었지만 행복해요. 이젠 난 내가 누구인지, 뭘 보여줄 수 있는지 진지하게 생각해볼 수 있었기 때문이지요."

이 말을 할 때 그녀의 표정은 그가 전에 알고 있던 모습보다 훨씬 더 밝았다고 했다. 이렇게 그녀는 삶 전체에 죽음을 의미 있게 삽입할 수 있었고, 죽어가면서도 인생의 의미를 충족할 수 있어서 그녀의 삶은 '성공적'이었다고 그는 회상했다.

(출처: 빅터 프랭클, 《그럼에도 삶에 '예'라고 답할 때》,
마정현 역, 청아출판사, 2020)

그는 강연에서 삶 속에서 행복을 기대하는 인간의 자각이 얼마나 아름다운지, 인도의 시인 타고르(Tagore)의 시를 인용하였는데 여기 다시 낭송해본다.

(중략) 잠들어 꿈을 꾸었습니다
삶은 기쁨인 듯했습니다
잠에서 깨어나 보니 삶은 의무였습니다

그렇다!
우리의 삶은 유한한 일회성이기 때문에 의미 있는 것이다. 게다가 모든 인간 개개의 삶이 갖는 독특한 개별성으로 인해 더더욱 삶의 의미가 드러난다. 죽음은 삶의 한 과정으로서 무수한 윤회의 쳇바퀴를 이어주는 연결고리인지도 모른다.

나는 삶의 진정한 목적은 영혼의 진화를 위한 배움에 있다고 생각한다. 이것을 그동안 많은 영성가의 통찰을 통하여 자연스럽게 확신하게 되었다. 그리고 이 세상에 온 것도 나의 자발적인 선택으로 왔다고 생각한다.

이런 의미에서 본다면 현생에서 겪는 고통에 당면해서도 불평하며 허투루 생을 낭비하는 대신, 고통의 의미를 되새기며 고통을 통하여 뭘 배울 것인지 진지하게 고민해야 할 것이다.

한편으로 이 현실의 삶이 불안전하기에 더더욱 의미 있는 세상이라고 생각한다. 불안전한 세상에서 오히려 우리는 고통받으면서도 좌충우돌하고 더 많은 사랑을 경험하며 더 의미 있는 것을 배우며 살아갈 수 있는 게 아닐까. 비록 개체적 삶은 미숙하고 결함이 많지만 서로 관용과 존중으로 대하며, 있는 그대로의 삶을 온전히 즐기고 감사하며 사는 것이야말로 진정으로 의미 있는 삶이 될 것이다. 이렇게 불안전한 삶이지만 선물로 알고 껴안으며 영혼의 배움을 이어나갈 때 비로소 내면의 행복도 맛볼 수 있을 것이다.

우리는 단순히 우주의 원소들이 무작위로 모여 어쩌다가 지구라는 행성에 던져진 존재가 아니다. 각자 영혼의 성장을 위한 원대한 꿈을 오래전부터 꾸어오다, 드디어 이 세상에 오게 된 존재들이다. 로또 당첨 확률보다 더 어려운 관문을 뚫고 기적적으로 오게 된 것이다.

저녁 산책길에서 마주치는 사람들 한 사람 한 사람이 평소와는 달리 보인다.

삶의 동반자로서 그들의 얼굴을 유심히 들여다보게 되고

그 속에서 생명의 외경과 존엄을 읽게 되었다.

공생의 미학

내 몸에는 얼마나 많은 미생물이 나와 공생하고 있을까?
1억 개 정도? 많으면 100억 개나 될까?

궁금했었는데 얼마 전 유튜브에서 S대 생명과학부 천종식 교수의 강의를 듣다가 새로운 사실을 알게 되었다. 우리 장(腸)에는 수많은 종류의 미생물이 살고 있는데 그 숫자가 어마어마했다. 인체를 구성하는 세포가 총 30조 개가 있는데, 장내 미생물의 숫자는 무려 38조 개에 달한다는 내용이었다. 나의 몸 세포보다 훨씬 더 많은 다른 생명체와 함께 살고 있다는 사실이 선뜻 믿어지지 않았다.

하지만 이 수많은 미생물은 '푸소박테리움', '프로테오박테리아' 같이 인체에 해로운 것도 있지만 대부분 나에게 이로운 친구들로서 나의 몸을 정상적으로 활동하도록 돕고 있다는 것에 위안이 좀 되었다. 외부로부터 병원성 세균이 침범하는 걸 억제한다든가, 장 표피세포의 손상을 방지할 뿐만 아니라 인간 스스로 소화하지 못하는 영양분을 분해하여 흡수 가능한 형태로 전환하는 등 전반적인 대사 과정에서 인체와 상호 긴밀하게 영향을 주고받고 있다는 것이다.

천 교수는 이 미생물들을 잘 관리해야 인체가 건강해진다는 것을 강조하였다. 이들이 잘 먹고 활동할 수 있도록 보살펴야 한다고 했다. 소홀하여 이 친구들을 굶기게 되면 복수를 한다. 장벽을 깎아 먹게 되고 인체에 염증을 유발하게 되어 만성피로, 우울증, 비만, 암을 비롯하여 자가 면역질환을 초래하게 된다는 것이다.

장 미생물에 대한 관심도가 높아져 다른 유튜브 채널에서도 장에 대한 강의를 몇 편 더 들어보았다. 사실 나는 인체를 생각할 때, 장보다는 뇌가 더욱 중요한 역할을 담당하고, 장은 그렇게 대단한 장기는 아니라는 잘못된 선입견이 있었다. 그러나 전문가들은 이구동성으로 장과 장의 활동을 돕는 미생물의 역할을 가장 중요하게 꼽고 있었다.

게다가 뇌척수 뉴런이 1억 개인데 장의 뉴런 수는 무려 5억 개에 이르고 뇌와 장은 매우 긴밀하게 작동하고 있다고 한다. 우리에게 행복감과 웰빙을 느끼게 하는 중요한 신경전달물질인 세로토닌도 장에서 80~90%가 분비된다고 한다. 그렇다면 우리가 행복하려면 무엇보다도 장 미생물 친구들을 잘 보살펴야 한다는 결론이다. 새로운 사실을 알게 되었다.

곰곰 생각해보니, 우리가 매일 생존하기 위해 먹고 활동하는 것이 나 하나뿐 아니라 더불어 살아가는 타자를 위한 것이었다. 우리가 의식하지 않아도 공생의 시스템에 의하여 그렇게 작동하게끔 인체가 설계되었고, 또 진화되었다는 사실이 신기했다.

"인간을 이해하기 위해서는 40억 년의 역사가 필요하다"고 조지프 르두는 《우리 인간의 아주 깊은 역사》(박선진 역, 바다출판사, 2021)에서 얘기했다. 그렇다면 '현재의 나'라는 존재는 긴 세월을 거쳐오면서 타 생명체들과 어우러져 이룬 최적 생존을 위한 생물학적 진화의 산물일 터이다.

이런 공생의 사례는 인간과 동물의 몸에서뿐 아니라 식물의 경우에서도 쉽게 찾아볼 수 있다. 땅속의 세균과 식물의 공생 관계에서다.

뿌리혹박테리아라는 균류는 대기 중의 질소를 환원하여 식물이 흡수할 수 있도록 하고, 그 대가로 식물로부터 생명을 유지할 수 있도록 서식처와 광합성 산물을 받는다. 최근 미국 버지니아공대 연구팀은 이러한 다양한 균류의 활동이 얼어붙은 빙하기로부터 지구가 되살아나는 데에도 도움을 주었다는 이론까지 밝혔다고 한다.

이뿐인가?

식물이 화려한 색이나 특이한 향을 발산하여 벌이나 나비 등 곤충을 유혹하여, 곤충은 꿀이나 꽃가루를 얻고, 식물은 수정하게 되어 상호 이익을 주고받는 '상리 공생' 관계를 유지한다는 것쯤은 누구나 알고 있는 상식이다. 그 밖에도 새들이 나무에 날아와 해로운 벌레를 잡아먹어 나무의 벗이 되고, 나무는 새들에게 쉴 수 있는 쉼터와 먹이를 제공하는 공생 관계도 들 수 있을 것이다.

숲속의 나무들은 서로 경쟁하는 것이 아니라 영양분을 나눈다. 뒤처지는 나무가 없도록 사회적 안전망을 만들고, 서로 힘을 합하면 더위와 추위를 막고 물을 저장할 수 있으며 습기를 유지할 수 있어서 생존에 유리하다는 것을 알기 때문이다.

산책길에서 흔히 볼 수 있는 사람과 반려견의 관계 역시 일종의 공생이라고 할 수 있지 않을까? 사람은 반려견을 보살펴 키우고 반려견은 주인에게 친구가 되고 위안을 제공하는 관계를 유지한다. 문득 몇 달 전 〈TV 동물농장〉에서 본 장면이 생각난다.

7살 소녀와 길에서 떠도는 유기견의 사랑을 그린 영상이었다. 소녀는 떠돌이 개가 불쌍해 먹이를 주었고, 개는 그런 소녀를 무척이나 따랐다. 소녀는 개를 집에 들여와 키우길 원했지만, 엄마의 강력한 반대로 번번이 실패하고 만다. 그러던 중 소녀의 집념으로 드디어 가족회의를 통하여 집에서 키우기로 한다. 너무나 행복해하는 7살 소녀의 활짝 웃는 표정과 개 '구름이'가 꼬리 치며 기뻐하는 모습에 이 영상을 보는 내 마음까지도 행복해진 기억이 새롭다.

이런 공생의 원리는 동식물의 같은 종은 물론 이종 간, 동물과 식물 간, 더 나아가 무생물의 영역 등 우리의 감각이 인지하지 못하는 광범위한 영역에 이르기까지 작동하고 있을지도 모른다. 최근 과학의 발달로 조금씩 밝혀지고 있지만, 우리가 아는 것은 아직도 극히 일부분에 지나지 않는다.

결국 우리는 타자와 더불어 의지하고 도우며 살아야만 지속 가능하고 건강한 생존을 확보할 수 있는 것이다.

타자의 행복이 곧 나의 행복이 되는 순환구조, 이것이 바로 자연의 순리에 따르는 아름답고 조화로운 삶이며 우주와 자연을 지탱하는 힘인 '질서와 조화의 원리'일 것이다.

산책하면서 주변을 둘러본다.

나를 둘러싼 수많은 생명의 바스락거림이 귓가에 생생하게 들려오는 듯하다.

한 시점, 한 공간에서 더불어 살아가는 이들과 존중하고 배려하며 공생할 때 우리의 삶은 더욱 의미 있고 풍요해질 것이다.

문득 한 편의 하이쿠가 생각난다.

나팔꽃 넝쿨에
두레박줄 빼앗겨
얻어 마신 물
- 치요조(千代女)

바둑은 수행이다

한판의 바둑이 삶의 여정에 곧잘 비유되곤 하는데, 나는 한 걸음 더 나아가 수행에 비유하고 싶다. 바둑을 감상하다 보면, 바둑을 둔다는 것은 수행하는 과정과 같다는 생각이 들곤 한다. 왜냐면 수행에 필요한 덕목이 한판의 바둑을 둘 때도 똑같이 적용되기 때문이다. 덕목을 하나씩 열거해본다.

첫 번째, 욕심을 버리는 것이다.
적당한 욕심은 삶을 의욕적으로 살아가는 데 동기부여가 되지만, 분에 넘치는 욕심은 삶을 나락의 구렁텅이로 모는 치명적 요인이 된다. 이것은 인간으로서 가장 지키기 어려우면서도 가장 중요한 삶의 덕목인지도 모른다.
바둑에서도 가장 경계해야 할 것이 바로 욕심부리지 않는 자세이다. 남의 땅이 커 보여 섣불리 뛰어들어가 낭패를 본다든지, 조금 더 이익을 보기 위해 무리하다가 오히려 손해를 입게 되는 경우가 적지 않기 때문이다.

두 번째, 조화로운 삶이다.

바둑은 서로가 번갈아 한 수씩 두어가는 게임이다. 그래서 맞바둑에서는 무리수만 두지 않으면 어느 한쪽이 일방적으로 유리하거나 불리한 바둑은 없다. 주어진 상황에 맞는 최선의 수를 찾아 흑백이 조화를 이루며 한판의 바둑을 만들어가는 것이다. 프로 기사들의 바둑은 한판에 보통 250~300수 정도를 두게 되는데, 결과는 대부분 5집 내외로 승패가 갈린다. 심지어는 형세가 엎치락뒤치락하면서도 한두 집 아니 반집 차이로 좁혀지기도 한다.

상대의 수도 나의 수같이 존중하며 더불어 조화롭게 판을 짜나가는 바둑을 볼 때면 숭고함까지 느껴진다. 세상살이에서도 타자와의 관계에서 서로를 존중하고 배려하는 조화로운 삶이야말로 지속 가능한 삶이 되는 것과 같은 이치다.

세 번째, 현존하는 삶이다.

과거의 일에 집착하거나 계속 곱씹게 되어 현재의 삶을 온전하게 살지 못했던 경험은 누구에게나 있을 정도로 흔하다. 과거의 일에 얽매이지 않고 다가올 일을 미리 걱정하지도 않으며 지금 여기에 몰입하여 사는 현존의 삶이야말로 최선의 삶일 것이다.

바둑에서도 초반 큰 실수를 하면 심적 부담을 느껴 판을 그르치게 되는 것을 자주 보게 된다. 그 반대의 경우도 마찬가지다. '초반에 상대의 대마를 잡게 되면 진다'는 말이 있을 정도다. 그러니 과거의 실수나 성과에 집착하지 않고 현재에 집중하자는 것이다.

네 번째, 결과보다는 과정을 중시한 삶이다.

바둑을 두다 보면 지나치게 승패에 연연하여 정수를 두지 않고 꼼수를 둔다든지, 억지를 부리는 장면을 자주 보게 된다. 또한, 이기면 지나치게 좋아하고, 지면 과하게 움츠린다. 감정의 동요가 심할수록 바둑을 두는 즐거움과는 거리가 점점 멀어진다.

한 수 한 수 최선의 수를 찾아가는 과정의 즐거움 자체가 바로 바둑의 매력이요, 내가 바둑을 좋아하지 않을 수 없게 만드는 마력이다. 삶에서도 최종적인 성취보다는 살아가는 과정의 소소한 즐거움이 행복을 좌우하는 결정적 요인인 것과 다르지 않다.

문득 얼마 전 인터넷 중계로 봤던 바둑 한판이 생각난다.

우리나라 신진서 9단이 중국 선수와 둔 타이틀 준결승전이었는데, 신 9단이 위기에 처해있는 상황에서 기상천외의 창의적인 묘수를 발견한 결과, 위기를 타개하여 결국 승리를 거두었다. 벼랑 끝에 몰린 상황에서 최선의 수를 찾아내기 위하여 고심하는 모습은 신 앞에서 고뇌하는 단독자의 성스럽고 거룩한 모습을 보는 듯하였다. 마치 한 편의 위대한 예술 작품을 보는 것 같은 큰 감동과 희열을 느꼈다.

그는 얼마 전 농심배 세계기전에서 중국과 일본의 최고수 5명을 연이어 격파하는 기염을 토하기도 했다. 세계 최고수인 그가 어느 인터뷰에서 했던 말이 생각난다.

"아주 최근의 일입니다. 승패가 전부가 아니라는 걸 깨달았습니다. 지금은 과정을 생각합니다. 대국 전에 정신집중은 제대로 돼있는가? 대국 중에는 경솔함이 있었는가? 유리하다고 자만하지 않았는가? 불리하다고 포기하지는 않았는가? 실수했을 때 그걸 떨치고 다시 일어설 수 있었는가? 이런 것들입니다. 이렇게 생각하다 보니 바둑에 경외심을 갖게 되었습니다."

(출처: 매일경제신문, "'신공지능' 세계 바둑 1위 신진서 "AI 엄청난 묘수, 가슴 뛴다"", 손현덕 주필, 2021.03.05.)

마지막으로 되돌아보며 배우는 삶이다.

성찰 없이 앞만 보고 맹목적으로 나아가는 삶은 발전이 없고 위험하다. 바둑에서도 마찬가지다. 한판의 바둑을 두고 난 다음에 '복기'라는 것을 한다. 인터넷 바둑을 감상하다 보면 '복기'하는 것을 가끔 보게 되는데, 250수 이상 되는 많은 수를 기억하여 물 흐르듯 술술 암보한다.

놀랍지 않은가?

바둑은 이렇게 한 수 한 수, 상황에 따라 순리대로 두어가는 것이기에 가능한 건데, 이것 또한 바둑의 숨겨진 매력이다. 착수했던 수를 되놓아보면서 내가 어떤 수를 잘못 두어서 작전에 차질이 생겼는지, 이 상황에서는 어떻게 대응해야 했는지, 또는 욕심을 부린 과수를 찾아내어 반성하는 시간을 갖는 것이다.

이 얼마나 멋지고 성숙한 게임인가.

삶의 과정이 나면서 죽을 때까지 끝없는 성찰을 통한 배움의 연속

이듯이, 바둑에서도 '복기'를 통해 끊임없이 배워가는 것이다.

이렇게 한판의 바둑은 나에게 수행으로 다가왔다.

AI에게 배우는 바둑

AI(인공지능)에게서 바둑을 이기는 지혜를 배운다.

바둑은 냉엄한 승부의 게임이다. 바둑에서 이기기 위해서는 인간이 두기 힘든, AI만이 둘 수 있는 수를 배워야 한다. AI는 지금까지 인류가 개발한 도구 중 가장 스마트한 지능을 가지고 있고 AI의 최대 효용은 인간의 지적 능력을 최대한 확장하였다는 데 있기 때문이다.

그동안 AI가 두는 수를 지켜보면서 배웠던 교훈인데 바둑을 둘 때 뿐 아니라 삶을 살아가는 데에서도 적지 않은 도움이 될 것 같다. 교훈을 하나씩 정리해본다.

먼저, '감정을 배제하고 침착하고 냉정하게 두라'는 교훈이다.

며칠 전 한 편의 바둑을 감상한 적이 있었다. L 2단과 K 4단의 바둑이었는데 K 4단의 흑 세력에 L 2단이 좀 지나치다 할 정도로 깊숙이 침입한 장면이었다. 그러자 K 4단은 주변 상황에 자신의 약점이 있었음에도 화를 내어, 즉시 응징에 들어갔다. 하지만 그때 해설장에서의 AI는 침착하게 자신의 약점을 먼저 보강하는 수를 둘 것을 권고했다. 해설자인 K 9단 역시, AI가 권고한, 약점을 보강하는 수를 보지 못했다. 이어서 벌어진 전투에서 흑 세력의 약점은 뚫렸고 굳건했던 성은 봇물 터지듯 무너지고 말았다. 결국 흑이 많이 유리했던 바둑은 뒤집혀 역전이 되었다.

돌이켜봤을 때, 역시 AI의 판단이 정확했다.
우리는 왜 그 수를 보지 못했을까?

AI가 권고했던 수는 인간이 두기에는 너무도 냉정하고 침착한 수였다. 감정을 가진 인간이라면 당연히 화를 낼만한 상황이었기 때문이다. 이것이 감정을 가진 인간의 한계인 듯싶다. 또한 AI의 판단에서 자주 보게 되는 과감한 사석작전도 냉정하지 않으면 도저히 생각할 수 없는, 엄밀한 이성적 판단의 결과물이다. 우리는 주어진 상황을 감정이 아닌 이성으로 냉정하게 생각하고 판단하는 사람을 흔히 '비인간적'이다, 혹은 '냉혈 인간'이라고 표현하곤 한다. 여기에는 인간은 감정을 가진 동물이기 때문에 감정에 휘말릴 수밖에 없다는 전제가 깔려있다. 하지만 이러한 감정적 판단이 결과적으로 화를 불러일으킨다면 우리는 기꺼이 비인간적이 되어야 하지 않을까.
　이것을 삶에서도 적용할 수 있다. 살다 보면 냉정한 판단과 결정을 내려야 할 때가 종종 있게 된다. 이럴 때 순간적인 감정은 가능한 배제하고 오직 이성적인 판단을 하여야만 후회하지 않는 결정을 할 수 있다. 이렇게 나는 AI로부터 현실과 승부는 냉정한 것임을 배웠다.

다음으로, '철저하고, 치열하게 두라'는 교훈이다.

AI는 안이한 수, 적당히 두는 수를 허용하지 않는다. 현재 상황에서 언제나 최선의 수를 찾는다. AI는 상대의 약점이 조금이라도 보이면 가차 없이 파고든다. 붙이거나 끊어 약점을 추궁하며 판세를 유리하게 이끌어간다. 나는 이것이 인간과는 다른, AI만이 가진 최대의 강점이라고 생각한다. 물론 이런 수를 두기 위해서는 깊은 수 읽기가 선행되어야 할 터이다.

우리는 감정을 가진 인간이기 때문에 현실적으로 기계인 AI가 발견한 수를 두는 데 한계가 있다. 우리는 좀 유리하다고 판단되면 금방 안이한 수나 느긋한 수를 두게 되어 역전당하는 경우를 흔히 경험하게 된다. 그러나 AI는 기계이기에 이런 수를 두지 못한다. AI는 불행인지 다행인지 모르겠지만 스트레스를 받지 않아 고통을 느끼지 못하고, 기대 이상으로 일이 잘 풀려도 기쁨이나 행복감도 느끼지 못한다. 우리는 인간이기 때문에 오히려 이런 느긋한 수를 둘 수 있음에 감사해야 할지도 모른다. 다만 상황에 따라 AI의 장점을 선별적으로 받아들일 수는 있을 것이다. 가령 판세가 팽팽하게 진행이 되거나 불리하여 긴장의 끈을 놓지 말아야 할 상황이라면, 당연히 AI처럼 철저하고 치열한 수를 찾아야 할 것이다.

마지막으로, 판세가 순조롭게 진행될 때는 '무리하지 말고 단순하게 두라'는 교훈이다.

일견 복잡하게 보이는 상황도, 가만히 들여다보면 단순한 것에서 그 실마리를 찾아 풀어갈 수 있었던 경험은 삶에서도 적지 않게 볼 수 있다. 위에서 언급한 바둑 시합에서도 흑이 복잡한 싸움을 하지 않고 단순하게 국면을 운영하면서도 여유롭게 유리한 판세를 이끌어나갈 수 있었다. AI는 이 바둑에서도 무리하지 않고 단순하게 국면을 운영하여 초반의 우세를 승리로 이끄는 지혜를 가르쳐주었다.

바둑을 이기기 힘든 상황에서는 판세를 복잡하게 이끌어 상대의 실착을 유도하는 전략('흔들기'라고 부른다)을 짜기도 하겠지만, 바둑이 유리할 때는 굳이 복잡하게 만들지 않는 것이 현명하다. 이러한 지혜를 특히 잘 구사하는 기사가 옛날 전성기 때의 이창호 9단과 현재의 박정환 9단이 아닌가 싶다. 그들은 유리한 바둑을 여간해서 놓치지 않는다. 형세가 유리하다고 판단되면 상대가 싸움을 걸어오더라도 말려들지 않는 것이다. 쉽고 단순하게 상황을 정리하여 변화의 여지를 없애는 것이 승률을 높인다는 사실을 간파한 것이다. 이렇게 하여 최고수들은 결국 많이도 아니고 몇 집을 남겨 이기는 것이다.

물론 이러한 기술은 쉽게 배울 수 있는 것은 아니다. 유리한 상황을 무리하지 않고 단순하게 이끌 수 있는 안목은 현재의 판세를 정확하게 판단하는 능력이 있어야 함은 물론이다. 인생이 생각되는 대로 잘 풀릴 때는 '무리하지 않고 단순하게' 삶을 살아가야 함은 우리의 삶에서도 충분히 적용될 듯싶다. AI로부터 또 하나의 지혜를 배웠다.

이렇게 AI는 나에게 바둑에서나 삶에서 또 하나의 멘토가 되었다.

시인의 정원을 노닐며

책을 읽다가 인용된 한 편의 시를 읽게 되었다.

'이바라기 노리코'라는 일본 근대 여류시인이 지은 〈기대지 않고〉라는 시였다. 그 시는 세상에 단독자로 존재하며 독립된 삶을 화두로 삼고 있는 나의 시선을 끌어당겼다. 범상치 않은 시인임을 감지했다.

그는 더 이상 기성 사상이나 이념, 종교, 학문에는 의지하고 싶지 않다고 천명한다. 스스로 보고 듣고 경험한 것 외에는 불편을 느끼지도 않으며 자기만의 길을 걷겠다는 그의 단호한 눈빛이 그려지는 듯하다.

그에 대한 궁금증을 못 이겨, 도서관에 가서 그의 시집 두 권을 빌려왔다. 이틀 동안 그의 시를 감상하며 그의 정원 속 다양한 꽃의 향기를 음미하며 행복한 시간을 보냈다.

'자손을 위해 기름진 땅을 남기지 말고, 세습에 분노하고 세습을 끊고 새롭게 출발하라'(《모가비 강가》)며 가진 자의 기득권 포기를 외치고, '경쟁에서 뒤처지는 것에 대해서는 매력과 분위기가 있다'(《뒤

처짐》)며 낙오자에게 따뜻한 눈길을 주기도 한다. 그리고 '중요한 것은 극히 작은 부분'(《큰 남자를 위한 자장가》)이라고 강조하며 달리는 것만이 능사가 아니라고 강변한다. 그는 또 '친구가 한 명이나 두 명이면 충분하고 열 명이면 지나칠 정도'(《친구》)라고 얘기하며 친구한테 너무 많은 것을 기대하지 말고 속 깊은 친구를 사귀라고 조언하기도 한다.

그는 내밀하고 낭만적인 감성을 가진 여성이었다.
'사람은 누구나 조용하고 푸르고 깊은 호수를 / (중략) 자신만의 내밀한 호수를 가져야 한다'(《호수》)고 하며, 상쾌한 일요일 아침 커피향 흐르는 식탁을 꿈꾸는, 소박하고 여성스러운 감성의 소유자이기도 하다.

한편으로 그는 자신이 속한 민족, 국가, 집단에 대한 편협한 차별주의를 경계하였다.
조국인 일본에 대한 맹목적인 충성심이나 타국인 한국에 대한 배타적인 편견도 거부한다. 그는 윤동주를 흠모하고 한국과 한글을 사랑했던 세계 시민이었다.
'교복을 입은 순결만을 동경하는 듯한 당신의 눈동자가 눈부시고 애처롭다'(《이웃나라 말의 숲》)며 윤동주를 진정 사랑하였고, 일본이 예전에 내차버렸던 한글, 지우려 해도 지워 없애지 못한 한글에 용서를 빌며, 조금이라도 가까이 가고 싶어 모든 노력을 기울여 그 아름다운 숲으로 들어간다며 한글을 배웠다(그는 쉰의 나이에 한글을 배우기 시작했다). 또 '조선사람들이 대지진이 난 동경에서 왜 죄 없이 살해당했는지 알 수 없다'(《장 폴 사르트르에게》)며 죄의식을 느끼고 분노를 토로하기도 한다.

그는 고독을 사랑하였다. '혼자 있는 것은 생기가 넘치고 활력 발랄한 숲이며 바다'(《혼자서는 생기발랄》)라고 하며 진정 고독의 의미를 알고 사랑했던 시인이다.

그녀는 1926년생이니 내 어머니와 거의 동시대 사람이다. 당시 힘들고 혼란했던 시절에 이렇게 자유롭고 유연한 사고로 자기만의 생각을 당당하게 표현할 수 있는 용기를 가졌다는 것은 실로 대단한 것이다. 그의 시 중 가장 슬프게 가슴에 와닿는 시는 〈내가 가장 예뻤을 때〉라는 시다. 그 시를 천천히 낭독해본다.

> 내가 가장 예뻤을 때 / 거리는 파르릉 무너지고 (중략) 주위의 사람들이 많이 죽었다 / 공장에서 바다에서 이름이 없는 섬에서 / 나는 멋 부릴 기회를 잃어버렸다
> (출처: 이바라기 노리코, 《내가 가장 예뻤을 때》 유수현 역, 스타북스, 2017)

세련되고 고상한 단어를 찾느라 애를 쓰면서 고민하며 쓰는 시와는 달리, 그의 시는 일상의 언어로 솟구치는 감정을 솔직하게, 물 흐르듯 자연스럽게 쓰는 그런 시다. 더덕더덕 덧바른 화장기가 전혀 느껴지지 않는, 투명하고 소박한 그의 시에 온종일 마음이 쏙 빼앗

졌다. 그는 자신의 시작법에 대해 이렇게 이야기한다.

자신의 생각을 깊게, (중략) 우물을 파듯 파 내려가면 지하에 흐르는 공동의 수맥에 닿듯이 전체로 통하는 보편성에 도달한다. (〈시의 마음을 읽다〉 중)

그는 맑고 자유로운 영혼을 소유한 듯하다. 기존의 이념이나 집단의식, 선입관에 얽매이지 않고 유연하게 자신만의 세계를 펼친, 용기 있는 시인이었다.

바다 깊숙한 곳에 고요히 살아 숨 쉬는 천연진주로 둘러싸인 성에서 화사하게 피어있는 정원 꽃들의 향기에 취했던 꿈속의 시간은 행복했다.

조선의 선비에 빠지다

 최근 며칠, 약 500년 전 조선의 무명의 한 선비에 푹 빠져 행복했다.
 18세기 그 훌륭하고 쟁쟁한 철학자, 예술가, 학자들의 숲속에서 이름을 드러내지 않은 채, 당당하게 자신만의 기질과 취향에 따라 삶을 살았던 이분을 이제야 알게 되었다. 한편으로는 늦게나마 알게 되었으니 다행스럽기도 하다.
 이분은 1693년(숙종 19년)에 태어나 1737년(영조 14년)에 세상을 떠난 조귀명(趙龜命)이라는 선비다. 이분을 알게 된 것은, 최근 '18세기 개인의 발견'이라는 주제로 한 출판사에서 조선의 잘 알려지지 않았던 네 분의 선비에 관한 평전을 펴냈기 때문이다. 우리 조상이지만 옛글을 제대로 읽어볼 수 없는 안타까운 현실에서 참으로 감사한 일이 아닐 수 없다.
 17~18세기는 동서양을 막론하고 문명사적으로 사상, 문학, 예술, 과학 분야에 이르기까지 화려한 꽃을 피운 시대이며 수많은 위인을 배출했다. 우리는 그분들의 삶과 업적을 등불로 삼아, 지치지 않고 자신의 길을 찾아갈 수 있게 되었다. 그의 글을 읽고 메모하고 나를

되돌아본다. 그의 글에서 무엇보다도 특이한 인상과 감명을 받았던 점은 다음 두 가지다.

첫째는 세상의 시선에 얽매임이 없는, 자유롭고 유연한 사고이다. 그는 글에 대하여 이렇게 얘기한다.

> 애초에 문장이 만들어진 이유는 천하의 이치 가운데, 남은 아직 모르는데 나만 깨달은 것일 경우, 이를 시간과 공간을 초월하여 남기기 위함이었다. 그러므로 글은 작가의 주체적이고 자각적인 깨달음을 주제로 '스스로 터득한 식견(自得之見)'을 담아야 한다.
> (출처: 송혁기, 《조귀명 평전: 나만이 알아주는 나》, 글항아리, 2021)

그는 자신만의 생각(意)의 참신성과 진실성이 무엇보다 중요하다고 했다. 그의 글이 독창적이고 특이해서 남들에게 쉬이 받아들여지지 않을 땐, 스스로 깨우친 식견을 일상의 소재에 담아 쉬운 문장으로 표현하였다. 세상의 시류에 따라 옛것을 모방하거나 새것에 집착하는 자들을 보면서 '형식에 얽매이지 않는, 독창적인 자신만의 사고'를 강조하고 스스로 실행에 옮겼다.

> 인생에서 가장 중요한 것은 '마음에 맞는지(適意)' 여부에 있다. 사사건건 옛사람을 모방하려는 자는 결국 가짜라는 잘못에 빠질 수밖에 없다. 반면에, 반드시 옛사람이 하지 않는 것에서만 '새로운 격(新格)'을 만들어내려 굳이 애쓰는 자 또한 수고로울 뿐이다. 옛것을 모방하여 마음에 맞는다면 모방하면 되고, 새로운 것을 만들어서 마음에 맞는다면 새로운 것을 만들면 될 것이다.
> (조귀명의 《동계집(東谿集)》 권1 중)

또 자신만의 생각도 없이 세상의 시류에 휩쓸려 유행 따라 생각하고 행동하는 사람들을 경계하며 말한다.

> 스스로 얻은 깨달음이라면 아무리 작고 보잘것없어도 고귀하고 존경스러운 것입니다. 물론 크고 높은 깨달음이라면 말할 나위도 없겠지요. 옥이 돌보다 진귀하다는 것은 누구나 압니다. 하지만 가짜 옥이 되지는 마세요. 가짜 옥은 속이지 않는 진짜 돌만도 못합니다.
> (조귀명의 《동계집(東谿集)》 권10, '우답임언춘서(又答林彦春書)' 중)

그는 그림을 그릴 때는 대상의 이치를 헤아려 붓끝에서 대상이 생생하게 살아있는 그림을 그려야 함을 소동파 선생의 대나무 그림에 비유하여 얘기한다.

> 동파 선생은 대나무 그림에 쓴 글에서 마음속에 성죽(成竹)이 있다고 했지. 그가 말한 성죽이란 무엇인가? 대의 이치를 잘 아는 것이라네. 이치를 속속들이 잘 알지 못한다면 성죽이 마음속에 있을 수 있겠는가?
> (허주(虛舟) '이 증'의 그림을 보며 쓴 찬(贊)의 첫 부분 중)

이렇게 남다른 관점으로 세상을 보고, 대상의 참 이치를 드러내는 것이야말로 그의 삶과 예술이 지향하는 것이었다.

다음으로 인상 깊었던 것은 일상의 작은 것에서도 자족(自足)하는 자세이다.

소박하고 고즈녁한 즐거움을 누리고 있는 그에게 누군가 묻는다.

"그대의 뜨락은 너무 작은 것 아닙니까?"

그는 답한다.

"아니요. 그렇지 않소. 높은 산에 올라가서 사방을 바라보니 하늘과 물이 맞닿아있더군요. 좁게 막혀있는 모습에 속이 답답했지요. (중략) 반면에 이 뜨락은 작게 느껴지지 않고 충분하오. 내 마음을 크게 하고 대상을 바라보면 하늘과 땅이 티끌과 같고, 내 마음을 작게 하고 대상을 바라보면 내 무릎 겨우 넣을 넓이만 되면 나머지는 다 남는 땅입니다. 그러니 대상에 크고 작음이 어디 있겠습니까. 내 마음이 크고 작게 여기는 일일 뿐이지요."

그는 이렇게 얘기하며 《중용》의 한 구절을 제시한다.

> 현재의 위치에 따라 행할 뿐(소기위이행(素其位而行)),
> 그 밖의 것은 원치 않는다(불원호기외(不願乎其外)).

그는 세상의 수많은 세파 속에서도 자신만의 고요하고 편안한 마음을 가졌던 것 같다.
그는 얘기한다.

고요함(靜)이란 마음에 달린 것이다. 마음이 무언가에 끌려다니면 아무리 고요한 환경에 있어도 번잡할(動) 수밖에 없고, 반대로 마음이 바깥 대상의 구속에서 벗어나면 아무리 번잡한 환경에 있어도 고요할 수 있는 법이다.

(조귀명의 《동계집(東谿集)》 권2, '정고헌기(靜古軒記)' 중)

눈에 보이는 외견에 얽매여 끊임없이 욕망하고, 남과 비교하며 자신을 괴롭히는 오늘의 우리에게 눈이 번쩍 뜨이는 말이 아닐 수 없다.

그는 따뜻한 마음을 가진, 통찰력이 있는 사람이었다.
난관에 부딪혀 힘들어하는 친구를 향해 난관을 '갈대에 내린 서리 같은 것'으로 생각하고 극복하라고 하면서 "이는 장차 그 성한 기운을 가만히 꺾어서 사람됨을 완성시키려는 것이니 안타까워할 일이 아니고 축하할만한 일이다"라고 하면서 친구의 사기를 북돋운다.

그는 비록 문과에 급제하지 못하여 내세울만한 업적도 없이 재야의 문인으로 살았지만, 자신의 글에 대하여 당당하고 자부심이 대단했다.
그의 글에 대하여 이규상(李奎象, 1727~1799)은 18세기 전반기의 최고의 문장가 8명 중 가장 뛰어난 인물로 그를 손꼽았고, 송백옥(宋伯玉, 1837~1887)은 고려 말에서 영조 대까지 우리나라 산문작가를 선정하여 그들의 대표작품을 모은 《동문집성(東文集成)》을 편집하였는데 그의 글을 독보적인 것으로 평가하면서 그의 글 41편을 수록하였다.

내 글이 세상에 잘 읽히지 않을까 염려하는 나에게 그의 호탕한 사자후가 귀에 들리는 듯하다.

"(중략) 법도(法度)란 것이 무엇이며 승묵(繩墨)[1]이란 또 뭐란 말입니까?
누가 정종(正宗)[2]이고 누구는 아니란 말입니까?
나는 나의 말을 말하면 그뿐이지, 남이 나에게 어찌하겠습니까?"

---

1 승묵(繩墨): 법도와 준칙
2 정종(正宗): 창시자의 전통을 이어받은 종파

특별한 체험

홀로 저녁 산책을 나섰다.

자유롭게 이런저런 생각을 하면서 산책을 즐기고 있었다. 산책 코스의 반환점을 돌아서고 얼마 지나지 않았을 즈음이었다. 갑자기 하늘이 컴컴해지더니 천둥, 번개가 치고 금세 소나기가 뚝뚝 쏟아지기 시작한다. 전혀 예상하지 못한 상황이라, 준비한 우산도 없었고 근처에 피할만한 공간도 없었다. 채 1분도 안 되어 빗줄기는 더욱 강해지고, 잠깐 지나가는 소낙비는 아닌 듯싶었다. 여기저기에서 뛰어가는 사람들의 아우성이 들렸다. 나 역시 당황스러웠지만 지금 상황에서는 어쩔 수 없었다. 이내 침착을 되찾아 자신에게 말한다.

"좋은 공부 거리가 생겼네. 갑자기 나에게 닥친 어려움도 내가 어떤 관점으로 수용하는가에 따라 달라질 수 있는지 이 기회에 체험해 보자. 오케이?"

나는 그동안 여러 차례, 살아가며 부딪치는 고난을 어떤 자세로 버티어가야 할지 나름대로 생각한 글을 써왔었다. 내가 삶의 주인으로서 살아가기 위해서 정한 몇 가지 원칙들이 생각났다.

"난관을 회피하지 않고 직면하자."
"이왕 피할 수 없는 상황이라면 즐거운 마음으로 하자."

그렇다!
페르시아의 시인 '루미'처럼 고난을 손님으로 정중히 맞을 뿐만 아니라, 나의 영혼의 성장을 위한 배움의 한 방편으로 생각하고, 감사하며 수용하는 것이다. 당장 실행에 옮기기로 했다.

당황하지 않고 침착하게 가던 페이스로 계속 걸음을 옮긴다. 비는 갈수록 세차게 퍼붓고 빗줄기는 더욱 커져 손가락 굵기만 했다. 하지만 회피하지 않고 직면하기로 결정한 이상, 그 어떤 것도 내 마음을 흔들지는 못했다. 그리고 비를 피할 수 없다면 기꺼이 즐거운 마음으로 하기로 작정한다. 이게 바로 그동안 여러 글에서 내가 주인으로 사는 삶의 태도로 떠들어댔던 말이었으니 오늘 제대로 실행에 옮겨보리라, 용기를 낸다.

하기 싫지만 억지로 이끌려 하는 것이 아니라, 이렇게 즐겁게 스스로 선택했다고 생각하니 당당한 주인의 마음이 된다. 움츠러졌던 가슴이 펴지고 발걸음은 한결 가볍다.

한참을 가다가 문득 이 소낙비가 신이 나에게 주는 축복의 세례라는 생각이 들었다.

보통의 세례와는 격이 다른, 나만을 위한 특별한 세례 의식이라고 생각하니 마음이 설레기도 하였다. 내 생애에 짧은 시간에 이렇게 많은 물세례를 직접 받은 경험이 없었고, 앞으로도 죽기 전 이런 세례를 또다시 체험해보기는 어려울 터였다.

머리 위에서 얼굴을 따라 목젖으로 줄줄 흘러내리는 빗물의 감촉이 오감을 자극한다. 감각세포들이 저마다 잠에서 깨어 하늘의 감로수를 즐기는 듯하다. 눈에서는 기쁨의 눈물이 방울방울 고여 빗물과 범벅이 된다. 행복했다.

산책로에 길게 늘어선 나무들을 봤다.

이들 역시 한결같이, 한 점의 동요도 없이 자연스럽게 소나기를 받아들이고 있었다. 아니 즐기고 있는 건지도 모른다. 그동안 외부의 힘든 자연환경 속에서도 위축되지 않는 나무의 당당한 모습이 부럽기만 했었는데, 지금은 나 역시 그들처럼 당당한 모습으로 그들과 어깨를 같이하고 있다고 생각하니 뿌듯했다.

내가 자랑스러웠다.

비록 옷은 모두 흠뻑 젖었고 머리칼은 헝클어지고 운동화 밑창에서는 삑삑 소리가 났지만, 나의 팔과 다리는 힘차고 정신은 또렷하고 정갈하다.

나는 이번 물세례 체험으로 확실히 깨달았다.

원하지 않는 상황에서도 긍정적 의미를 발견할 수 있다는 믿음이다. 눈앞의 상황을 피하지 않고 직면하여 불편함을 즐거운 마음으로 수용한다면 시련을 충분히 극복할 수 있고 또한 얻는 것도 있다는 것이다.

일견, 의미가 없다고 생각되었던 상황에서도 의미를 찾을 수 있다. 세상의 기존 관습, 제도, 사상과 이념뿐 아니라 도덕과 윤리까지도 일단 의심하여 나의 관점에서 다시 들여다보고 판단하고 결정해야 한다. 세상의 눈과 다른 관점에서 봤을 때는 상황에 대한 의미가 달라질 수도 있기 때문이다. 이번 물세례 체험에서도 기존 상식과 통념에 따라 빗물이 몸에 해로워서 맞으면 안 된다고 판단했더라면 이런 짜릿한 체험은 맛보지 못했을 것이다.

'현실은 신'이라고 누군가 얘기하지 않았나. 현실이 마음에 들지 않는다고 저항하고 회피한다면 신을 이길 순 없으니 백전백패가 뻔하다. 현실을 인정하고 기꺼이 수용한다면 영혼의 성장에도 배움의 기회가 될 것이다.

어쩌면 생애 최악의 산책이 될 뻔한 일이 나의 긍정적 관점으로 새로운 의미를 발견해냄으로써 일생 단 한 번의 특별한 경험으로 바뀔 수 있었다. 게다가 덤으로 특이한, 신의 감로수 축복까지 받게 되었으니 이 얼마나 큰 은혜인가.

나는 오늘 이렇게 특별한 체험을 했다.

산다는 것은

모처럼 보는 파란 하늘이다.

어제까지 계속되던 황사가 물러가고 그동안 숨기고 있었던 해맑은 얼굴을 보시시 드러낸다. 지천이 온통 벚꽃으로 하얗게 덮인 삼월의 끝날, 나는 사진을 찍기 위해 휴대폰을 집으려던 손을 멈추고 말았다.

'이 또한 부질없는 짓 아닌가!' 내면의 목소리가 들렸다.

며칠 후 바람 한 번 휙 불고 나면 우수수 떨어질 것을 폰에 저장하여 오랫동안 두고두고 보기 위한 것이지만, 세월이 지나고 나면 잊힐, 수많은 사진 속 한 장일 뿐이다. 그보다는 내 마음속 깊은 곳에 꼭꼭 눌러 담아 언제든 꺼내 볼 수 있게 하고 싶었다.

요 며칠 동안 세상을 보는 눈이 더욱 까칠해졌다.

평소 무심코 하던 생각이나 행동 하나하나에 회의(懷疑)의 시선이 담겨있었다.

왜 그럴까? 문득 짚이는 게 있었다.

얼마 전 가까운 지인의 죽음이 떠올랐다.

그렇구나! 그 허망한 죽음을 본 뒤로 나에게 심적 동요가 일어난 게 틀림없었다. 평소 죽음도 삶의 한 과정으로서 평온하게 받아들여야 하는 것으로 인식하고 있었던 내가, 왜 이렇게 민감하게 죽음을 생각하게 되었나?

얼마 전 그의 죽음은 나에게 충격이었다.
지인과 잘 아는 터이기에 더더욱 충격이 컸다. 이 세상을 더 이상 보기 싫어 스스로 선택한, 고통스러운 죽음이었다. 비록 고통으로 가득 찬 세상이지만 이렇게 훌쩍 떠나가야만 했던가? 삶에서 가장 큰 위험은 아무 위험도 감수하지 않으려는 것이라는, 어느 시인의 말이 떠오른다. 위험을 경험하지 않으면 고통과 슬픔을 피할 순 있겠지만 진정한 자유로움은 얻을 수 없기 때문이다.

세상을 함께 살아가는 나 역시, 그의 죽음과 무관할 수는 없다. 이 지구라는 한 공간 속에 살아가는 그 누구도 예외가 될 수는 없다. 이 세상 모든 생명체가 하나로 연결되어있으며, 서로 영향을 주고받을 수밖에 없기 때문이다.
눈을 감았다.
그와 함께한 소중한 시간이 하늘에서 화려한 춤을 춘다. 그 율동은 점점 정점으로 치닫다가 동작 하나하나가 슬로 모션으로 바뀌기 시작한다. 이윽고 움직임은 막을 내리고 방울방울 얼음 알갱이가 되어 우박처럼 쏟아져 내려온다. 결국 그 화려한 춤의 율동은 파편 조각이 되어 사방으로 흩어져 우주의 먼지로 사라지고 말았다.

그의 죽음을 곱씹어본다.
무엇 때문에 그는 죽음을 선택할 수밖에 없었나?

오랜 시간 그를 둘러싼 수많은 존재와의 교감과 추억의 시간은 다 어디에 두고 그는 사라질 수밖에 없었나?
문득 어느 심리학자가 "진실한 친구 한 명이라도 있는 사람은 죽음을 선택하지 않는다"라고 했던 말이 떠올랐다. 그는 어째서, 더 이상 갈 수 없는 막다른 골목길 철벽을 앞에 두고 망연자실 울고 있는 그의 옆에서 등을 도닥이며 위로해주고 같이 울어주는 친구가 한 명도 없었을까? 이런 친구가 한 명이라도 있었다면 이런 극단적인 선택은 막을 수 있지 않았을까?
허망하다!
산다는 것은 무슨 의미일까?

오래 묵혀있던 의문이 다시 고개를 든다.
비록 미미하지만 한 톨의 씨앗도 여물기까지의 과정에서 땅과 햇빛 그리고 물과 바람, 수많은 곤충의 도움 등 전 우주가 동참하여 이룩한 작품이라고 했다. 그렇다면 인간 개개인의 생명은 나 혼자만의 것이 아니라, 나 자신도 함부로 할 수 없는, 그 이상의 존귀한 존재이다.

그러나 한편으로 생각해볼 때, 그는 이제 본래의 자리로 돌아간 것이다. 세상에서 수많은 시행착오와 희로애락을 경험하는 영혼의 수업을 통하여 배움을 얻었고 스스로 그의 길을 선택한 것이다. 나는 모른다. 그가 세상에서 무얼 배웠고 무얼 깨달았는지. 다만 내가 아는 것은 그의 선택은 그의 고유한 판단에 의한 일이고, 나는 그의 일을 가타부타 논할 자격이 없다는 사실이다. 나의 삶이 아닌 그만의 삶이기 때문이다.

눈을 뜨고 산책길을 다시 걷는다.
근처 공원 여기저기에서 따스한 햇볕과 활짝 핀 벚꽃을 즐기는 사람들이 눈에 띈다. 사진을 찍는 사람, 운동하는 사람, 데이트를 즐기는 연인들, 그리고 반려견과 함께 산책하는 사람들. 사랑하는 인연들이 이 아름다운 자연을 즐기는 모습을 보니 행복해 보인다. 지금 이 순간이 지나가고 나면 남는 건, 한 줄기 희미한 추억의 기억뿐일 터이다.

젊은 여성 한 분이 푸들 강아지 목줄을 잡고 내 옆에서 산책을 하고 있었다. 그런데 졸졸 따라가던 아이가 가다 말고 갑자기 발길을 멈춘다. 그러고선 두 갈래의 길목에서 주인이 이끄는 목줄에 저항하며 두 발을 쭉 뻗치며 버틴다. 가만히 걸음을 멈추고 들여다보니, 산책을 더 하고 싶은 듯, 집으로 들어가는 길을 거부하는 것 같았다. 당황한 주인도 한 번 더 목줄을 당겨보다가 걸음을 멈추고 가만히 기다려준다. 아이의 마음을 헤아려주는 모습이 보기가 좋았다.
 몇 초나 지났을까.
 이윽고 주인은 아이의 완강한 의지에 눌려 아이가 원하는 대로 발걸음을 돌린다.

 와우~ 나도 모르게 마음속으로 쾌재를 불렀다.
 그리고 아이를 향해 엄지척하며 한마디 했다.

 "그래! 드디어 네 고집이 이겼구나!"

 내 말에 그녀의 얼굴에서도 웃음꽃이 활짝 피어올랐다. 그러면서 한마디 내뱉는다.

 "그래! 내가 졌다. 네가 이겼구나!"

 세상은 아직도 살만하다고 느꼈다.
 이런 아름다운 사람들이 있는 한, 나 역시 아직 할 일이 더 있을 것 같았다.

 문득 지인의 활짝 웃는 모습이 떠올랐다.
 그와 나는 함께 웃고 있었다.

4

이렇게 또 자연으로부터 한 수 배웠다

순리대로 산다는 것

아침 일찍부터 아내와 서둘러 텃밭으로 향했다.

어제 비가 온 뒤라 촉촉한 땅에 시금치 씨앗을 심기 위해서다. 퇴비를 뿌리고 땅을 솎고, 이랑을 만들고 씨앗을 이랑 사이사이에 골고루 뿌린다. 마지막으로, 흙으로 살짝 덮어 땅이 씨앗을 가슴에 품을 수 있도록 한다.

곧 이 아이들은 대지의 따뜻한 기운을 느끼며 긴 잠에서 깨어나 눈을 뜨기 시작할 것이다. 여태 자기를 보호해주었던 단단한 껍질을 한 꺼풀 한 꺼풀 벗어젖히고, 마치 젖먹이가 엄마 젖꼭지를 빨듯 햇볕으로부터 생명 에너지를 만끽할 것이다. 이렇게 땅속에서는 자연의 순리에 따라 한 치의 오차도 없이 생명의 신비로운 활동이 전개된다. 앞으로 인연이 된다면 이 아이들이 잘 자라서 내 몸속에 피가 되고 살이 되어 나와 하나가 될 것이다.

이미 심어놓았던 청경채, 무, 배추는 그동안 보지 못한 사이에 쑥쑥 잘도 자란다.

이렇게 식물은 인간의 관심을 받지 않아도, 그 누구의 시선을 의식하지도 바라지도 않고, 햇빛과 물과 땅속 영양분만으로 왕성한 생명력을 발산하고 있다. 각자 타고난 본성에 따라 당당하게 살아가는 그들이 새삼 부럽다.

신의 뜻도 바로 이런 게 아닐까 싶다. 자신의 속성을 담은 생명체들이 각자 본성에 따라 맘껏 에너지를 발산하며 인연 따라 살다가 본래의 자리로 돌아가길 바라지 않을까.

이게 바로 자연의 순리대로 사는 자연스러운 삶이다.

엊저녁 산책길에서 삶과 죽음이 자연스럽게 교차되는 현장을 두 번이나 보았다.

하나는 이전에 나와 개인적 인연을 간직한 한 그루의 접시꽃이 피어났다 사라진 그 자리에, 또 다른 생명의 접시꽃이 풋풋하게 자라나는 것을 본 것이다.

아마도 비 오는 날, 인연의 그 접시꽃이 사라지고 새로 태어난 자손일 듯싶다. 이 어린 접시꽃은 이전의 예쁘고 아름답던 어미의 자태를 알고나 있으려나? 나는 이 어린 접시꽃을 보며 한참 동안 회한에 젖었다. 주머니에서 주섬주섬 폰을 꺼내 갤러리에 저장된 추억 속의 접시꽃 사진을 다시 한번 보지 않을 수 없었다.

또 하나의 장면은 산책길에서 늘 보게 되는 대나무의 모습이었다.

아파트 주변을 가볍게 돌다가 평소처럼 무심코 대나무숲을 지나던 터였다.

그런데 이게 웬일일까?

볼 때마다 싱그럽고 푸르던 그 아이들이 바짝 말라 하얗게 색이 바래가고 있었다. 아~ 이렇게 변할 수가….

마치 못 볼 것을 본 것처럼 가슴이 철렁한다. 가까이 다가가 자세히 들여다보니 하얗게 마른 잎 사이로 틈틈이 연초록빛 새잎이 고개를 내밀고 있다. 이렇게 하나의 삶은 가고 새 생명으로 대체되는 게 바로 자연의 순리로구나!

문득 로마시대 철학자 에피쿠로스의 제자 루크레티우스의 "우아한 퇴장(graceful exit)"이라는 말이 생각난다. 그는 말했다.

"이 세상은 많은 사람을 지탱하고 있으니 우리처럼 온전히 살 수 있도록 우리는 다음 세대에 양보해야 한다."

사실 이런 자연의 이치는 생명을 가진 존재라면 모두 겪어왔고 지금도 겪고 있는 일이기에 새삼 호들갑을 떨 일도 아니다. 나 역시 머지않아 흙으로 돌아갈 것이다. 더 이상 죽음에 대한 두려움도 아쉬움도 없다. 이렇게 삶과 죽음은 극과 극이지만 상호의존적이어서 한쪽은 다른 한쪽이 없으면 존재할 수도 없다. 삶은 죽음을 향한 과정이요, 죽음에서 또 다른 삶이 잉태될 터이다.

사람들은 삶을 사랑하고 오랫동안 같이하길 원하지만 결국에는 고통 속에서 살게 되고, 반면에 죽음을 혐오하고 두려워하지만 죽음을 통해 안식과 위안을 얻게 되는 건 삶과 죽음의 기막힌 역설이다. 한편으로 우리가 살아가면서 죽음의 존재를 의식할수록 삶은 더욱 의미를 드러내게 되고, 의미 있는 삶을 살수록 죽음의 숭고함과 비장함은 더욱 빛을 발하게 된다는 것을 자연스럽게 깨닫게 된다.

그래서일까.

영국의 시인 필립 라르킨(Phillip Larkin)은 갓 태어난 싹들의 싱그러운 푸르름 속에서 어딘지 모르게 슬픔을 본다고 했다. 또한 무성해진 숲의 끊임없는 살랑거림 속에서 과거는 죽고 새롭게 시작하는 생명의 약동을 읽는다고 시에서 얘기했다.

(출처: 류시화 엮음, 《마음챙김의 시》, 수오서재, 2021)

이렇게 삶과 죽음은 모든 생명을 가진 존재들이 실과 바늘처럼 함께 안고 가야 하는 숙명이다.

때가 되면 저항하지 않고 억지 부리지 않고 순응하여 받아들이는 삶!

이게 바로 순리대로 사는 자연스러운 삶이다.

산책길에서 본 두 의미 있는 장면은 나에게 무언의 통찰력을 주었다. 어깨가 가벼워지며 걸음이 가뿐해졌다.

자연의 아침

비 오는 아침에

이른 봄날 아침
도서관 출근길
보슬보슬 비가 내린다

푸나무들은
감각의 문을 활짝 열고
감로수를 만끽하고

새들은
전봇대에 나란히 앉아
자연의 선물을 즐기는데

사람들은 저마다
뾰족한 침이 달린 방패로
몸을 방어하기에 분주하다

자연의 흐름에 맡겨
축제에 동참하는 나는
자연과 하나가 된다

이른 봄날 아침, 봄을 재촉하는 비가 촉촉이 살갗에 내려앉는다.

싱그러운 아침 이슬처럼, 포근한 물안개처럼, 상쾌하고 시원하다. 도서관 출근길을 가는 발걸음마저 경쾌하다. 길가 초목들은 고개를 살짝 들고 피부에 와닿는 시원한 감촉을 음미하듯 조용히 비를 즐기고 있다. 새롭게 돋아나는 연초록빛 잎새들은 저마다 살랑살랑 기분 좋게 몸을 흔들며 감각의 문을 활짝 열어젖히고 자연이 베푸는 감로수를 만끽한다.

어디선가 날아온 까치 가족 한 떼가 전봇줄에 나란히 걸터앉는다. 새끼 까치들은 뭐가 그리 즐거운지 짹짹거리며 부산을 떨고, 어미 까치와 아빠 까치는 먼 산을 둘러보며 주변의 풍경을 여유롭게 감상한다. 깃털 위로 빗물이 방울방울 맺혀 또르르 천천히 아래로 떨어진다. 까치들은 몸이 조금씩 젖어오는 데에도 아랑곳하지 않고, 여기저기 눈길을 돌리고 부리로 빗물을 툭툭 털어내기도 하면서 자연이 주는 선물을 아낌없이 즐긴다.

문득 앞을 보니 거리를 가는 사람들은 저마다 준비한 우산을 펼쳐 들고 총총걸음을 걷는다. 파란 우산, 검정 우산, 노랑 우산, 초록 우산 등 다양한 색깔의 보호 장비를 쳐들고 몸에 한 방울의 비도 허용하지 않을 듯, 자신의 귀중한 몸을 방어하는 데 부산하다. 마치 저마다 방패를 들고 전쟁터에 출전하는 군인들처럼 비장한 표정을 지으며.

저만치 푸들 강아지를 앞세우고 산책하는 동네 아주머니도 살짝 보인다. 즐겁게 꼬리 치며 뛰어가는 강아지를 우산을 받쳐 들고 열심히 따라간다.

의문이 들었다.

이른 봄에 자연이 주는 작은 선물을 풀이나 나무, 까치, 푸들 강아지는 다들 반갑게 맞이하며 즐기는데, 왜 우리는 장애물로 간주하고 한결같이 몸을 잔뜩 사리는 걸까. 자연이 베푸는 이 작지만 싱그러운 선물은 우리에게도 분명 받아서 기분 좋은 것일 터인데, 우리의 몸은 왜 반사적으로 거부하는 걸까. 환경공해에 찌든 우리가 지나치게 건강을 염려하여 자연의 변화에 민감하게 반응하는 건 아닐까. 계절과 날씨의 변화에 따른 온습도의 조그만 변화에도 부산을 떨며 냉난방기기나 가습기를 작동시킨다. 갈수록 자연과 멀어지고 단절되어가는 우리가 보인다. 야생 영장류학자 김산하 씨는 목소리 높여 이렇게 얘기한다.

> 계절의 변화, 대자연의 순환 원리에 일상생활로서 동참하는 것은 생명의 특권이자 의무, 그리고 행복이다.
>
> (출처: 김산하, 《살아있다는 건》, 갈라파고스, 2020)

우리의 옛 조상들은 자연의 변덕스러운 날씨나 계절의 변화에도 생존을 위한 환경 적응 능력이 있었다. 에디슨이 백열전구를 발명(1879년)하기 전인, 불과 150년 전만 하더라도 인간은 햇빛과 달빛, 촛불에만 의존해 볼 수 있었고, 에어컨이 발명(1902년)되기 전에는 더위를 피하기 위해 나무나 숲으로 들어가지 않으면 안 되었다. 그 이후 최근 100여 년 동안 급속한 과학 문명의 발달로 인간은 자연의 의존으로부터 신속하게 벗어나 문명 지향적이 되었고 자연과는 점점 멀어지게 되었다. 덕분에 어두움과 더위나 추위로부터 우리의 몸을 잘 관리하고 보호할 수 있게 되었지만, 한편으로는 잃어버린 것도 적지 않다. 우리는 조금만 춥거나 더워도 못 견뎌 한다. 하물며 이 싱그러운 봄비마저도 몸은 이처럼 지나치게 예민하게 반응하지 않는가.

이렇게 온실에서 지나치게 보호받으며 살아가는 우리 현대인들에게 자연과의 소통의 장벽은 점점 두꺼워지고 있다. 급기야는 우리가 생태계의 일원이라는 사실조차 점점 잊어가고 있는 건 아닐까. 결국, 우리는 문명에 지나치게 의존하는 생활로 인해 생명의 특권을 포기하게 되고 자연을 즐기는 행복까지 잃어버리게 되었다.

'자연으로 돌아가라'고 얘기한 루소가 생각난다.

지금 현대 문명을 포기하고 옛날로 돌아갈 수도 없겠지만, 이제 우리 인간은 문명의 온실 속에서만 안주하고 자족하는 삶에서 벗어나 자연 친화적 삶으로 거듭나야 한다. 자연의 일원으로서 몸에 대한 과도한 집착이나 건강에 대한 지나친 염려는 자연이 주는 은혜를 포기하는 것이다.

그렇다!

자연이 주는 이 귀한 선물을 감사하게 받아들이며 대자연의 향연에 동참한다. 주위의 풀과 나무, 그리고 새와 강아지 등 뭇 생물들과 함께 자연의 일원으로서 축제를 아낌없이 즐긴다. 살갗에 촉촉이 내려앉은 이 자연의 선물은 어느새 나의 땀방울이 되고 기쁨의 눈물이 되어 나와 하나가 될 것이다. 이렇게 나와 자연은 하나가 되었다.

지구의 동반자로서 뭇 생명체들과 더불어
건강하고 조화로운 삶을 사는 꿈을 꾸어본다.

떨어지는 꽃이 아플세라
사뿐히 떠받쳐주는
자비로운 새벽거미

 아침 이른 시간, 친구 K로부터 한 장의 카톡 사진을 받았다.
 친구는 얼마 전부터 거미에 꽂혀, 매일 아침 앙증맞은 거미와 멋지고 화려한 거미줄을 찍은 영상을 보내준다. 국립 현충원 근처로 이사 간 뒤, 새벽마다 현충원을 산책하면서 거미를 보고 즐기다가 이제는 거미를 벗으로 생각하게 된 친구다.
 이번에 보내온 사진은 나뭇가지에서 떨어진 연분홍색 무궁화꽃들이 공간을 길게 가로지르는 거미줄에 줄줄이 걸려있는 장면이었다. 이 사진을 보는 순간 내 머릿속에선 문득 낙화암에서 몸을 던진 삼천 궁녀가 떠올랐고, 이 가여운 궁녀들의 슬픈 마음을 거미가 따뜻하게 껴안아주는 듯했다. 시적 감성이 가슴에 일었고 하이쿠 한 편이 그려졌다.

 그동안 친구의 아름다운 거미 영상을 접하면서 거미에 대한 궁금증이 새록새록 일어났다.
 인터넷을 뒤져 거미 관련 정보를 입수할수록 거미가 가슴속에 더 가까이 느껴졌다. 보면 볼수록, 알면 알수록 더 사랑하게 된다고 했던가. 점점 거미가 사랑스러워 보였다.
 그러던 차에 언젠가 신문에서 봤던 루이스 부르주아의 작품인 거대한 거미 조각상 〈마망(Maman)〉을 다시 보게 되었고 거미에 대한 작가의 생각을 읽게 되었다.

　작가는 40대에 미술계에 입문한 추상표현주의 여성 조각가이자 화가로서, 70세까지는 무명으로 활동하다가 이듬해 MOMA(뉴욕 현대미술관) 회고전으로 비로소 세상에 알려지게 되었다. 그 후 90대에 전성기를 거쳐 100세에 세상을 떠난, 대기만성형 사람이다.
　〈마망〉은 스페인, 캐나다, 일본, 한국 등 세계 여러 명소에 설치되어 있는 그의 대표작인데 '엄마'라는 뜻이다. 평생 불성실한 아버지 때문에 마음고생하며 실을 짜는 엄마의 헌신적인 사랑을 거미로 형상화하여, 어머니를 향한 경의를 표한 작품이다. 거미는 알에서 나온 새끼가 어미를 파먹으면서 자란다고 한다. 제 몸마저 내주는 거미의 생태와 작가 어머니의 삶이 자연스럽게 겹친다.
　거미는 몸통에 비해 지나치게 큰 8개의 다리로 구성되어 외견상 언뜻 혐오감을 불러일으키기도 하지만, 거미의 생태를 생각하고 아름답고 정교한 거미줄을 보고 있노라면, 한편으로 귀엽고 애틋한 정(情)도 느끼게 된다. 거미는 가축에게 해를 끼치는 파리, 모기, 바퀴나 산림 해충, 농작물 해충을 잡아먹는 천적으로 인간에게 많은 도움을 주기까지 한다. 악당을 물리치고 세계를 구하는 의리의 사나이 스파이더맨처럼 말이다.

　언젠가 어느 친구 집에 놀러 갔다가 보았던, 그 집 아들이 애완용으로 기르고 있던 타란툴라가 생각난다. 친구 아들은 징그러워 보이는 그 아이를 애지중지하면서 귀여운 듯 바라봤다. 어쩌면 나도 이제는 그 아이의 화려한 색깔과 복슬복슬한 털이 예쁘게 보일 것만 같다.

금오도 여행

배에서 내려 금오도 비랑길을 향해 발길을 옮긴다.

어디선가 한 점의 바람이 마중 나와 얼굴을 살짝 스치고 지나간다. 바위에 부딪히는 파도 소리를 음미하며 천천히 비랑길을 따라 올라간다. 한참을 올라가다 보니 아슴푸레 들려오는 소리가 있다. 귀를 기울이니 조금씩 크게 들리기 시작한다.

아~
동파(東坡) 선생이 사랑하던 바로 그 숨결 소리다.
책에서만 듣던 그 소리!
바람이 대숲을 스치며 서걱대는 소리였다.

가던 걸음을 멈추고 지그시 눈을 감는다.
오감의 문을 활짝 열어젖히고 자연의 소리와 향기를 만끽한다.

코끝을 은은하게 스치는 동백꽃향, 바위에 와닿는 파도 소리, 풀숲 벌레들의 바스락거림, 그리고 공중을 나는 싱그러운 새소리가 바람에 흔들리는 나뭇가지 손끝의 지휘에 맞춰 조화로운 화음을 이룬다. 자연 속에서 베토벤의 '전원교향곡'을 뛰어넘는 환상적인 교향곡을 감상하는 이 순간, 행복하다.

좀 지나가다 보니 어느 조그마한 무덤을 지나게 되었다.
나도 모르게 가까이 다가가 두 손을 합장하고 중얼거렸다.

"아름다운 바다와 나무, 풀벌레, 새들과 벗하시니 행복하시겠습니다! 부럽습니다. 어르신!"

비랑길 이정표를 따라 계속 길을 걷는다.
오솔길 옆 바위 주변에 여기저기 흩어져있는, 빠알갛게 물든 낙엽의 아름다운 색채에 정신이 팔려 가던 길을 멈추고 감상한다. 발길 돌리는 아쉬움을 카메라 한 컷에 담는다. 한때 나를 황홀경에 빠뜨린 '로스코'의 그 주황은 지금 안중에도 없다. 그림 속이 아닌, 바로 여기, 온 섬 전체가 그 주황으로 덮여있기 때문이다.

얼마 가지 않아 한 떼의 노란 꽃들이 눈에 들어온다. 양지 녘에 옹기종기 다소곳이 모여있다. 귀엽고 예쁘다.
참! 이 꽃의 이름이 뭐였더라? 생각이 날 듯, 말 듯하다.
그래! 모르면 어떤가? 모르면 모르는 대로, 그대로도 좋다.
인간이 더덕더덕 붙여놓은 딱지를 떼어버리고, 있는 그대로의 모습 그걸로 충분하다.

방금 한 떼의 여행객이 내 앞을 바쁜 걸음으로 지나쳐간다. 부지런히 앞만 보고 간다. 조금 전에도 나이 드신 한 부부가 마치 마라톤코스를 달리듯 서둘러 지나가셨다. 길옆의 아름답고 다채로운 이 풍광을, 사랑스러운 나무와 풀꽃들을, 언제라도 또 볼 수 있을 것처럼 말이다. 그러나 지금 우리에게는 미래란 없다. 오직 지금, 여기밖에는 없다. 지금 여기에서 충분히 보고 느끼지 못한다면, 앞으로 영원히 지금의 순간을 또다시 즐기지 못할 것이다. 같은 강물에 두 번 발을 담글 수 없듯이.

우리가 가는 인생길은 언제까지, 어디에 도착해야 한다는 건 없다. 세상에 던져져 한바탕 자유롭게 놀다가 인연 다하면 돌아가는 여정이다. 발길 가는 대로 가다가 눈에 들어오면 잠시 음미하고, 또 보고 싶으면 사진 찍고, 힘들면 쉬어가는 여행, 이게 내가 살아가는 삶이다. 남들 하는 대로 따라가는 삶이 아닌, 나만의 삶이다.

두포를 지나 한 시간쯤 가다 보니, 굴등전망대가 보인다. 전망대로 내려갔다가 계단을 하나씩 세면서 올라왔다. 어림짐작으로 100계단은 될 듯싶었다. 손가락으로 세면서 차곡차곡 걸음을 내디뎠다. 모두 99계단이었다. 거의 완벽에 가까운 숫자! 99. 100보다 하나가 부족한 이 숫자가 완벽한 100보다 더 좋아 보이는 건 웬일일까?

전망대에서 2km쯤 가니 직포에 도착했다.

산채비빔밥을 먹었던, 두포의 음식점 주인분이 추천해주신 민박집을 찾아갔다. '보대민박', 여기서 여장을 풀고 간단히 씻고 쉬었다.

5시쯤 되어 멋있다는 일몰을 보기 위해 1km 떨어진 갈바람통전망대로 올라간다. 인터넷에서 알려준 일몰 시각에 맞춰 여유롭게 출발했는데 약 5~6분 먼저 일몰이 시작되었던 듯싶다. 전망대에 도착해 바삐 서둘러 바닷속으로 빨려 들어가는 해의 뒤꽁무니를 간신히 몇 가닥 붙잡았다.

이렇게 아름다운 일몰 풍경은 한 점의 흔적도 남기지 않고, 요란 떨지 않고, 자기 자리를 찾아 조용히 물러가는구나!

감동이 밀려왔다.

그리고 가슴 한구석에서 뭔가 불쑥 느껴졌다. 슬픔 같은 거였다. '아름다운 건 슬픈 거'라고 어느 시인이 말했던가, 이 순간 왜 이런 감정이 북받치는지 알 수 없었다. 오늘의 이 장엄한 일몰이 있어야 내일의 찬란한 태양을 볼 수 있기 때문일까.

굉음을 지르며 바다 수면 위를 스쳐 지나가는 바람의 기세가 매섭다. 평온한 바다를 끊임없이 못살게 괴롭힌다. 그뿐인가, 하늘을 날아 보금자리로 돌아가는 저 갈매기 가족까지 힘들게 한다. 하지만 바다나 갈매기들은 으레 자기가 감당할 일인 듯, 이 또한 지나가는 것인 양, 주눅 들지 않고 당당하기만 하다.

그렇구나!

자연은 힘들면 힘든 대로, 엄살떨지 않고 묵묵히 받아들이며 제 갈 길을 가는구나.

이렇게 또 자연으로부터 한 수 배웠다.

다시 민박집으로 돌아와 따뜻한 온돌방에 앉아있으려니 눈이 저절로 감긴다. 오늘은 만보계에 의하면 약 3만 보를 걸었다. 적지 않은 거리를 쉬엄쉬엄 왔지만 꾸준히 걸었으니 다리는 물론, 튼튼한 몸에도 감사해야겠다. 자기 전 마지막으로 해야 할 일이 있다. 오늘 오래 걸어 땀에 젖은 팬츠와 목티를 깨끗이 목욕시키는 일이다.

자~ 이제 모두 쉴 시간이다.
내일 아침까지 아듀~

꿈속 숲길을 걷다

　금오도에서 민박하고 아침 8시 마을버스를 타고 우학리 선착장으로 향했다.
　여수로 가는 배에 몸을 실었다. 탑승객은 대부분 마을 주민으로 서로 친밀하게 대화를 주고받으며 자연스럽게 몸을 바닥에 눕히고 충분한 휴식을 취한다. 나도 그들과 함께 편한 자세로 쉬면서, 다음 행선인 장성 편백나무 숲길에 대한 호기심으로 살짝 설렘에 젖는다. 그 숲길은 오래전부터 가고 싶었던 곳이었기에.

　고속버스로 장성에 도착하니 친구 P 상무가 차를 가지고 와서 나를 반갑게 맞아준다.
　몇 해 전, 퇴직 전에 본 뒤로 처음 보는 그리운 얼굴이다. 차를 몰고 인근 맛집으로 가서 애호박 찌개를 맛있게 먹고 축령산 자연휴양림으로 간다. 친구와 함께 나누고 싶었던 얘기를 도란도란 주고받으며 걷는 숲길은 전혀 힘들거나 지루하지 않다. 편백나무 향에 온몸을 푹 담그고 가슴으로 상쾌한 공기를 마음껏 들이마시며 호젓하고 느긋하게 걷는다. 계속되는 여행길에도 내 정갈한 영혼은 기쁨과 설렘으로 충만하다.

개와 고양이가 노니는, 넓고 예쁜 정원이 있는 장성 친구 집에서 훈훈한 배려와 함께 하룻밤 신세를 지고 담양으로 향한다.

첫 코스로 죽녹원에 도착한다.
입구에서부터 은은한 죽 향에 몸을 적시고 대숲에서 뿜어져 나오는 음이온의 기를 받아 나의 몸은 한결 청결하고 가볍다. 나는 500년 전의 옛 선비가 되어, 등짐을 잔뜩 지고 가다가 피곤하면 정자에 쉬기도 하고, 전망대에 올라가 유유히 흐르는 백진강과 관방천을 따라 200살이 넘는 고목들을 내려다본다. 발길을 돌리니 울창한 대숲이 반갑게 맞아준다. 사위는 **빽빽한 대숲으로 둘러싸여 한낮임에도 손톱만 한 소음도 허용하지 않고 적막하기만 하다.
온몸의 감각이 죽향에 취한 듯하다. 고요히 두 눈을 감는다. 혹시, 지금 나는 시공을 초월하여 500년 전 어느 마을을 배경으로 한바탕 꿈을 꾸고 있는 것은 아닐까?
꿈속에서 본 그 대나무들이 아직도 인상 깊다. 마디가 한 뼘이 넘는 굵은 대나무들은 모두가 하늘을 찌를 듯 솟아올라 끝이 보이지 않는다. 지상의 욕심 많은 인간과 거리를 두려는 것일까, 아니면 단순히 하늘이 좋아서일까. 우리 인간도 이들처럼 한 점의 욕심까지 텅 비워버리고 하늘의 뜻에 따라 살아갈 순 없을까.

죽향에 한참 빠져있노라니, 한 떼의 사람들이 왁자지껄 말들을 쏟아내며 한바탕 웃으며 지나간다. 잠이 확 깬다. 나는 이제 꿈에서 깨어나 속세로 돌아온다.

아~ 고요 속에서 조용히 생각에 잠겨있을 때가 행복했는데 살짝 아쉬웠다.

이런 곳은 여럿이 함께 다니는 것보다 혼자 오롯이 사유하며 걷는 게 더 좋을 것 같다는 생각이 들었다. 지금 나만의 온전한 여행이 만족스럽다.

'철학자의 길'을 따라 돌아서 가다 보니 여기저기 '누정(樓亭)과 원림(園林)'의 고장인 담양의 대표 정자를 그대로 옮겨 재현해놓은 곳이 있었다. 이번 여행의 다음 코스인 소쇄원의 광풍각을 건너뛰어 명옥헌 원림에 있다는 정자를 둘러봤다. 여름철, 붉은 백일홍 물결로 유명한 명옥헌 정자는 계곡 물소리가 옥구슬 굴러가는 소리와 같다고 붙여진 이름인데, 주변의 적송과 절묘한 조화를 이루고 있다고 한다. 정자의 주인인 명곡 오희도 선생(1583~1623)은 조선 인조가 제위에 오르기 전 세 번을 방문하였을 정도로 인품과 학식이 뛰어났다고 한다. 이렇게 운치 있는 정자들을 둘러본 후 죽녹원을 뒤로하고 다음 코스인, 책에서만 보던 소쇄원을 향해 발길을 돌린다.

소쇄원은 양산보(梁山甫, 1503~1557) 선생이 기묘사화(1519)로 인하여 은사인 정암 조광조 선생이 능주로 유배되어 세상을 떠나자,

출세의 뜻을 접고 자연 속에서 살기 위해 고향에 조성한 별서(別墅) 정원이다.

입구를 지나 조금 올라가다 보니 왼쪽으로 흐르는 계곡물 건너 정교하게 지은 정자가 보인다. 정자의 현판에 광풍각(光風閣)이라고 쓰여있다. 정자로 올라가 마루에 걸터앉으니 '비 갠 뒤 해가 뜨며 부는 청량한 바람'이라는 정자의 이름에 걸맞게, 어디선가 시원한 바람이 다가와 더위를 씻어준다.

아담하게 우거진 숲과 시원하게 흐르는 계곡 사이로 소쇄원 원림의 호젓한 오솔길을 옛 선비가 되어 뒷짐을 지고 걸어본다. 길을 따라 내려가다 보니 낮은 담벼락 아래로 계곡물이 졸졸 흐르고 있었다. 계곡에 돌을 쌓아 담을 받치고 그 쌓은 돌 사이로 물이 흐르게 한 것이다. 주위엔 작은 연못과 빨갛게 피어있는 철쭉꽃과 나무들이 절묘한 조화를 이루고 있다. 정원이 일본의 가정식 정원이라면, 원림은 숲의 자연상태를 있는 그대로 조경으로 삼으면서, 돌 하나, 나무 한 그루 인위적으로 조성하지 않고 적절한 곳에 정자를 세워, 자연을 거스르지 않는 아름다움을 보여준다.

양산보 선생은 이 아름다운 소쇄원을 조성한 후 후손에게 "이 동산을 남에게 팔거나 어느 한 사람의 소유가 되지 않도록 하라"는 유훈을 남겼다고 한다. 그 덕분인지 지금까지 대를 맥맥히 이어오며 잘 관리되고 있었다.

한바탕 아름다운 풍광과 옛 선비의 정취를 음미하고 느지막이 내려오다가, 마침 양산보 선생 집안 16대 종손인 원장님과 소쇄원을 관리하는 선생님을 만나 동행하게 되었다. 운 좋게 그분들의 따뜻한 배려로 인근 숨겨진 고택과 그윽한 전통찻집까지 둘러보는 호사를 누렸다.

이렇게 나와 소쇄원의 인연은 남다르게 맺어졌으니
앞으로도 소중하게 이어가기를 기대해본다.

아이의 눈높이에서 보다

 아침 기상과 함께 거실로 나가 창 블라인드를 젖히고 아이들과 아침 인사를 나눈다.
 지난밤 거실의 차가운 공기로 아이들이 춥지는 않았나, 하는 노파심도 살짝 일어났다. 사실 알고 보면 이 아이들은 나보다 강하다. 이 추운 날씨에서도 바깥에서 굳건히 땅에 뿌리를 박고 흔들림 없는 삶을 이어가고 있는 수많은 푸나무를 보면 알 수 있다. 실내에서도 쌀쌀하다고 옷을 두 겹이나 껴입고, 방에는 보일러를 가동하고 온열기에 발을 담그고 글을 쓰고 있는 나를 들여다본다.

 누가 이들을 약하고, 귀엽고, 예쁜 아이들로만 생각하는가?
 이 아이들을 가만히 들여다본다. 생김새나 성질은 모두 다르지만 하나같이 당당하게 자신의 생명 에너지를 유감없이 발산하고 있다. 비록 사람의 손과 손을 거쳐 여기까지 흘러들어와 살고 있지만, 그 누구의 눈치도 보지 않고 자신의 생존에만 집중하여 열심히 삶을 이어가고 있다.
 우리는 이 아이들이 예쁘고 앙증맞다고 거실에 들여와 키우고 있지만, 이 아이들은 자신이 어떻게 하여 여기 오게 되었는지 모른다. 다만 세상에 던져졌고 주어진 본성에 따라 살아갈 뿐이다. 우리 인간들의 삶과 조금도 다를 바 없다. 나 역시 나의 의지와 상관없이 세상에 던져졌고 타고난 본성에 따라 이렇게 삶을 이어가고 있지 않은가.

 나의 삶이 이 아이의 삶보다 더 고귀하고 우월하다고 할 것도 없다. 이들과 똑같이 주어진 하나의 삶으로서 이렇게 인연이 맺어져 같은 공간에서 호흡하며 살아갈 뿐이다. 나는 이들에게 귀엽다거나 예쁘다는 표현을 삼가고 있다. 이 표현들은 내가 주인으로서 이들을 마음대로 할 수 있고, 마치 애완용으로 즐길 장난감 같은 것으로 생각하는 오만함이 의식의 밑바탕에 느껴지기 때문이다.
 생명에 있어서 어떻게 귀천과 우위를 논할 수 있겠는가.
 길가 풀 한 포기의 가냘프고 여린 생명도 귀중할 터인데, 어떻게 내가 그들의 삶을 함부로 재단하고 그들의 생존에 관여할 수 있겠는가. 나에게는 그만한 권한도 자격도 없다. 거실의 생명체들은 지구의 한 식구로서 어쩌다 인연 따라 나와 같이 살게 되었으니 더불어 잘 살다가 가면 되는 것이다.
 문득 미국 여류시인인 메리 올리버(Mary Oliver)의 시가 생각난다.

> 나는 풀잎 한 줄기의 지배자도 되지 않을 것이며 그 자매가 될 것이다.
> (메리 올리버의 시 〈몇 가지 말들〉 중)

그는 깊은 숲속에서 네발로 걷기를 시도했다.

자연 속 풀들, 나뭇가지들, 비탈길, 개울들, 공터들의 눈높이에서 세상을 보기 위해서다. 나 역시 그가 체험한 것과 같이 이들의 눈높이에서 세상을 경험해보고 싶었다.

세상 사람들이 단잠에 푹 빠져있을 이른 새벽, 문을 열고 어스름 속으로 뛰쳐나간다. 아이들이 매양 산책하던 아파트 숲길을, 나도 그들과 같이 네 발의 짐승이 되어 다녀보고 싶었다. 불안전하고 어설픈 자세지만 두 팔과 두 다리로 땅을 짚고 손과 발의 균형을 잡아간다. 몇 걸음도 못 가서 힘들어 중지했다가 다시 시도하기를 반복한다.

그러던 중 어디에선가 솔솔 콧속으로 스며들어오는 향긋한 것이 느껴졌다.

풀 내음이었다! 싱그럽다.

아이들이 매번 산책할 때마다 멈춰서, 주인이 가자고 보챌 때까지 킁킁거리며 음미하던 그 향기가 바로 이 향기였구나!

비록 아이들보다 훨씬 둔한 후각이긴 하지만 아이와 같은 눈높이에서 아이가 맛보던 것이라고 생각하니 짜릿한 흥분까지 느껴진다.

얼마 후, 나는 큰 나무둥치로 다가가 휴식을 취하려는 한 노견이 되었다.

오늘 새벽, 아이의 눈높이에서 본 세상은 태어나 처음 경험한 별난 세상이었다.

다양성의 의미

얼마 전 유튜브에서 북한 건국 70주년을 기념하는 매스게임을 본 적이 있었다.

똑같은 복장과 일사불란한 몸짓, 그리고 하나같이 판에 박은 것 같은 표정으로 만들어낸 것은 인간의 것이 아닌, 컴퓨터 그래픽이 만든 작품이었다.

이들은 누구를 위하여 이런 걸 연출해야만 했을까?

뭔가를 가식적으로 보여주기 위해 기계의 톱니바퀴가 되어버린 인간 군상을 보는 내 마음은 불편할 뿐만 아니라 무섭기까지 하였다. 인간이 어떤 목표나 신념을 위해서는 이렇게까지 변신할 수도 있겠구나 싶었다. 문득 나치의 깃발이 떠오르고 독일 병정들의 군화 소리가 들려오는 듯하였다.

인간이 아닌 동물의 세계를 생각해봤다.

과연 그들도 이런 장면을 연출할 수 있을까? 체계적인 공동생활을 한다는 개미나 벌의 세계에서는 가능하지 않을까? 궁금했다. 조사해보니 이들의 왕국에서도 개체의 동작 하나하나가 이 매스게임처럼 정확히 일치하지는 않는다고 한다. 큰 그림으로 봤을 때 본능적으로 질서와 조화를 이룰 뿐이었다. 그렇다면 이런 획일화된 의식이나 행위를 할 수 있는 동물은 인간밖엔 없는 것 같다.

이러한 사실은 인간만의 특유한 장점일 수 있겠지만, 한편으로는 핵폭탄만큼의 잠재적인 위험을 안고 있다고도 볼 수 있지 않을까? 과거 세계 여러 전체주의 국가에서 벌어졌던 참혹한 역사나 일부 극단의 종교집단에서 일어났던 어처구니없는 광신적 행위들을 상기하면 충분히 이해할 수 있다.

문제는 요즘도 이러한 현상들을 유튜브나 언론을 통해 자주 접할 수 있다는 사실이다. 한 점의 반론도 허용하지 않고 오직 나만이 옳다고 확신에 차서 쉴 새 없이 떠드는 말이나 구호와 몸짓들이 때때로 나를 숨 막히게 한다. 그들의 말을 어떻게, 어디까지 믿어야 하나? 의심의 눈으로 보면서 생각에 잠기지 않을 수 없다.

일본의 지성 '요로 다케시'는 이렇게 말했다.

> 의심하거나 생각하는 건, 매일 운동하는 것과 마찬가지로 근육이 생긴다. 편하게 있으면 체력은 길러지지 않는다. 그러니 근육을 기르듯이 매일 의심하고 생각해야 한다.
> (출처: 요로 다케시, 《고양이만큼만 욕심내는 삶》, 이지수 역, 허밍버드, 2021)

우리는 자연에서 배운다.

자연은 자신만이 옳고 완벽하다고 주장하지도, 오직 이것만이 정답이라고 내세우지도 않는다. 지금 있는 그대로 수용하고, 환경에 적응하기 위해 부단히 자신을 변화시키며, 주어진 본성에 따라 살아갈 뿐이다.

당장 걸음을 멈추고 길가 풀숲을 둘러본다. 한 뼘도 안 되는 조그마한 땅에서 생존하는, 셀 수 없이 많은 저 생명체들. 눈으로 볼 수 없는 세균과 바이러스까지 포함하면 우리나라 인구만큼 많을지도 모른다. 이들은 자신만의 방식으로 자신만의 삶을 이어간다.

인간은 언제부턴가 생존과 번영을 위한다는 명분으로 자연을 지배하기 시작했다. 자연의 질서와 조화를 해치며 인간 중심의 인위적인 생태계를 만들어왔다. 급기야는 최근 많은 연구보고서가 '지구 내, 생물 다양성이 파괴되어 현 생태계의 존속이 위태롭게 되었다'고 주장하고 있다. 생물종의 다양성은 생태계의 평형 및 균형 유지에 필수적이라고 한다. 왜냐하면, 생물종 다양성이 높을수록 먹이사슬이 복잡하게 형성되어 생태계의 안정이 유지되기 때문이다. 결과적으로 생물 다양성이 파괴되면 인류의 생존이 위협받는 것이다.

생물종의 다양성이 얼마나 중요한지는 과거 인간이 저질렀던 실패 사례들을 보면 잘 알 수 있다. 나무의 종 다양성을 무시한 획일화된 시각이 얼마나 위험한지 잘 보여주는 사례 한 가지를 살펴본다.

과거 한때 미국의 도시와 공원에 심은 나무의 90%가 느릅나무 단일 종이었다. 그런데 네덜란드에서 건너온 선적물 틈에 숨어들어 온

느릅나무 껍질 딱정벌레와 그 벌레가 퍼트린 곰팡이로 인해 미국 느릅나무의 75%가 전멸하게 되는 참사가 벌어졌다. 미국뿐만 아니라 프랑스는 느릅나무 중 90%를, 토론토는 80%를, 영국은 2,500만 그루를 잃었다. 그리고 느릅나무에 이어서 대체되었던 물푸레나무 역시 비단벌레 유충으로 인해 치명적인 피해를 입었다.

이런 참혹한 결과를 경험한 이후 각 나라에서는 나무의 종 다양성의 중요성을 깨닫고 특정 지역에 나무를 심을 때는 '과'나 '속' 내 동일 품목 나무는 10~15%만을 심는 것으로 원칙을 정했다고 한다. 결국, 이렇게 여러 종류의 나무를 다양하게 혼합하여 심는 것이 문제의 유일한 해결책이었다.

(출처: 스파이크 칼슨, 《동네 한 바퀴 생활 인문학》, 한은경 역, 21C북스, 2021)

신기한 것은 자연계뿐 아니라 인간의 조직 사회에 있어서도 구성원의 다양성이 조직의 성과를 높인다고 한다.

유럽 기업을 대상으로 한 연구조사 결과에 의하면 구성원의 성별, 국적, 나이, 교육 수준, 경력, 산업 경험이 다양하게 섞인 조직일수록 '혁신'을 통해 발생하는 매출의 비중이 그렇지 않은 조직보다 훨씬 높았다고 한다. 이 같은 사실에 대하여 BCG(boston consulting group)에서는 조직 구성원의 다양성으로 인해 상대방이 나와 다르다는 것을 자연스럽게 인지하게 됨에 따라 상대방을 더욱 잘 이해할 수 있었기 때문이라고 분석하였다.

(출처: 오봉근, 《메타인지, 생각의 기술》, 원앤원북스, 2020)

조그마한 깨달음이 왔다.

신은 모든 생명체를 차별 없이 공평하게 창조했으며,
생명체 개개의 다양한 본성과 삶은 존중되어야 하고
세상은 이 개체들이 질서와 조화의 큰 틀 내에서
어우러져 살아가는 터전이라는 사실이다.

주인은 서두르지 않는다

거실의 군자란이 작년에 이어 또 꽃을 피우고 있다.

일주일 전쯤 연주황색의 꽃봉오리를 빼꼼히 내밀며 세상 구경을 위해 지난한 몸짓을 했던 아이다. 이번에 피는 이 군자란은 마치 양 손바닥을 모아 합장이라도 하는 듯한 모습이 더욱 사랑스럽게 보인다. 작년엔 철쭉꽃이 큰아이 결혼식을 축하하러 왔는데, 올해 이 군자란은 과연 어떤 소식을 전해주려나, 혹시 큰아이 손주를 보려나? (놀라지 마시라! 이 글을 쓴 지 1년도 채 안 되어 실제로 얼마 전 사랑스럽고 예쁜 손녀딸 예린이를 보게 되었다.)

이런저런 생각을 하며 조그만 자연현상의 변화에도 열심히 의미를 찾고 지레 억측하는 나를 본다. '인간의 본질은 의미를 찾는 데 있다'고 어느 철학자가 말했던 게 생각난다. 인간은 개별적인 자연현상 속 '존재'의 질서를, 언어표현을 통하여 끊임없이 개념적이고 추상적인 '의미'의 질서로 전환하려고 한다. 이렇게 함으로써 부단히 자신과 세상, 자연 속에서 작용하는 원리의 본질을 규명하여 밝히려고 하는 것이다.

한편으로 이러한 과도한 주관적 의미 부여가 때로는 집착이 되어 우리를 힘들게 하기도 한다. 사실 자연이 꽃을 피우고 열매를 맺는 것은 자기 생존과 종(種) 유지를 위한 것이지 결코 인간을 위한 것이나 사랑받기 위한 것이 아니다.

군자란은 잎사귀 맨 밑동에서 눈을 뜨고 얼굴을 내민 지 한참 만인 오늘에야 겨우 1cm 정도 전진했다. 온종일 1mm 남짓 키를 키우기 위해 안간힘을 다하는 모습을 보면 한편으로 애처롭기도 하지만 마음이 살짝 답답하기도 하다. 왜 이렇게 뜸을 들이는 것일까? 지난번 철쭉꽃이 필 때도 봉오리가 나오고 뜸을 들이다 한참 만에 꽃을 피워냈었다.

올해는 며칠 후에나 꽃을 활짝 피울까? 벌써 마음이 설렌다.
그런데 나는 왜 이렇게 서두르고 있을까.
저 꽃들은 자연의 순리에 따라 자신의 길을 가고 있을 뿐인데. 이쁘게 봐주는 사람을 위해서나 달콤한 칭찬을 듣고 싶어서 꽃을 피우는 게 아니라, 다만 환경 여건과 타고난 본성에 따라 움직일 뿐이다. 한 가닥의 깨달음이 왔다.

"삶의 주인인 자는 결코, 서두르지 않는다."

그렇다.

그들은 삶의 주인으로서 주위의 관심, 칭찬이나 비난 따위에 연연하지 않고 타고난 본성에 따라 자신의 길을 흔들림 없이 당당하게 갈 뿐이다. 바람이나 욕심이 없으니, 서두를 일도 고통도 없다. 인간이 평생 수행하여 체득하길 원하는 '무념무상(無念無想)'의 경지를 그들은 힘들이지 않고 몸소 실행하고 있었다.

나를 들여다본다.

끊임없이 남 눈치 보고, 남과 비교하고, 눈앞의 욕망에 갇혀있는 '나'가 있다. 빨리빨리 서둘러야 내가 남보다 한 걸음 먼저 가고 경쟁에서 이길 수 있다고 생각했었다.

문득 옛 고사성어가 생각난다.

'알묘조장(揠苗助長)'!

중국 송나라 때 어떤 사람이 곡식이 빨리 자라도록 이삭을 손으로 뽑아 올려, 도리어 다 죽게 했다는 웃지 못할 얘기다.

맹자는 이 비유를 들면서 '호연지기(浩然之氣)'를 가르쳤다. 정직하고 의로운 일을 많이 하되 효과를 미리 기대하지도 말고 마음속에 간직하되 조장하지도 말라고 한다. '호연지기'라는 크고 굳세며 의로운 것을 얻기 위한 수양과 공부를 하루아침에 이뤄내려고 욕심을 부리다가는 오히려 해악을 불러일으킨다는 교훈이다.

삶을 돌이켜보면, 과거 대부분의 고통은 순리에 따르지 않고 빨리 성취하려는 조급한 마음과 분에 넘치는 욕심으로부터 비롯되었다는 것을 깨닫게 된다.

오늘 배운 작은 깨달음을 다시 한번 읊어본다.

"삶의 주인인 자는 결코, 서두르지 않는다."

나무와 대화하다

풀리처상을 수상한 미국의 여류시인 메리 올리버의 산문집 《완벽한 날들》(민승남 역, 마음산책, 2013)을 읽었다.

그의 시 〈상상할 수 있니?〉를 감상하다 보니 산책하며 늘 보던 공원의 대나무를 나와 같은 한 생명체로 떠올리게 되었다. 산책할 때마다 이 친구에게 더욱 관심 있게 눈길을 주고 관찰하게 되었다. 이 친구와 나는 다 같이 지구에 사는 생물체로서, 한쪽은 광합성을 통해 독립영양을 하는 식물계요, 다른 한쪽은 다른 생명체의 조직이나 체액을 섭취하는 종속영양을 하는 동물계라는 것이 다를 뿐이다. 내가 인간으로서 이 친구보다 더 우월하고 낫다는 자만심을 갖는 대신, 똑같이 생존 의지를 갖고 고통을 느끼는, 같은 행성에서 여정을 함께하는 동반자라는 의식을 갖고 대하게 되었다.

처음엔 서로가 뻘쭘하였지만 자주 접하다 보니 자연스럽게 상대를 의식하게 되었다.

이렇게 관심 있게 보면서 상대에 대한 궁금한 점이 생겼고, 더 나아가 가까이 다가가 서로의 온기를 느끼며 교감하게 되었다. 이제 그 아이는 내 가슴 한편에 쏙 들어와 자리 잡고 함께 얘기할 수 있게 되었다.

이렇게 산책할 때 봐오던 대나무와 나는 친구가 되었다. 바람이 심하게 불거나 눈이 많이 오는 날이면 나는 이 친구의 안위를 걱정하고, 나의 표정이 어두워질 때 이 친구는 나에게 염려의 메시지를 전해온다.

때때로 이 아이에게 그동안 궁금했던 걸 물어보기도 하고 내 생각을 전하기도 한다. 이 아이 역시 호기심 어린 두 눈을 연신 깜빡이면서 이것저것 물어온다. 이 아이도 우리 인간에 대해서 많이 궁금했던가 보다. 지난번 이 아이와 나눈 대화 녹음 파일을 간략하게 정리해봤다.

    나: 오랫동안 궁금했던 건데, 한 자리에만 계속 있다 보면 따분하고 재미가 없을 것 같은데 지내기가 어때요?

    아이: 우리가 그렇게 보이는군요. 그런데 사람들이 보는 것과는 많이 달라요. 매일매일 부딪치게 되는 환경변화에 적응하고 대처하다 보면 한가할 틈이 없어요.

    나: 그래요? 뭐가 그렇게 바쁜데요?

    아이: 땅속에서 특히 바빠요. 뿌리에 같이 사는 곰팡이 친구들이 쉬지 않고 많은 정보를 전해주거든요. 그 정보를 땅 위에 있는 줄기, 가지나 잎에도 전하고, 옆 동료들에게도 알려주죠. 또 낮에는 찾아오는 벌이나 나비 그리고 여러 곤충과도 교감하느라 심심하지 않아요. 가끔 나쁜 곤충과는 싸우기까지 해야 하니까요.

나: 그렇군요. 우리는 땅 위만 볼 수 있으니 땅 아래에서 그렇게 바쁠 줄은 미처 몰랐네요. 그러면 힘들진 않아요?

아이: 살아가는 데 으레 벌어지는 일이라고 편하게 생각하고 감수하죠. 자연의 흐름에 따라 유연하게 대처하고 있지요. 하지만, 바람이 심하게 불거나 눈이 많이 쌓일 땐 긴장도 하고 몸도 많이 움츠러들죠. 그래도 사람들처럼 고통스럽진 않아요. 사람들은 살아가는 데 힘들지 않죠?

나: 우리도 사는 게 쉽진 않지요. 겉으로는 집에서 잘 먹고 편하게 사는 것같이 보이지만 속을 들여다보면 저마다 많은 고민이 있어요. 사람들끼리도 말이나 행동으로 상처받고 스트레스 받고, 심지어는 고통이 너무 심해 스스로 목숨을 끊기도 하죠.

아이: 아~ 그렇군요. 나는 사람들이 그렇게까지 힘들 줄은 몰랐어요. 하지만 역시 인간사회는 역동적이네요. 외부의 많은 변화를 겪다 보면 힘든 일도 더 경험하게 되겠죠. 마음대로 공간을 이동할 수도 있어 더 재미있을 것 같아요. 나는 그게 제일 부러워요. 가고 싶은 곳을 내 마음대로 가볼 수 있다는 게.

나: 그렇군요. 우리는 때때로 현재 사는 곳을 떠나 다른 곳으로 여행을 가기도 합니다. 거기서 새로운 걸 보고, 체험하면서 배우기도 하고 짜릿한 기쁨을 느끼죠.

아이: 우리도 직접 여행할 수는 없지만 찾아오는 벌이나 나비, 여러 곤충을 통해서 다른 곳에 대한 얘기도 들으면서 간접적으로 경험하기는 하죠. 가끔 지나가는 바람들이 타 지역 소식을 전해주기도 하

고 구름이나 달님, 해님과도 마음으로 대화를 나누기도 한답니다.

나: 그렇군요. 그리고 지금 생각났는데, 얼마 전에 길을 가다가 사람들이 길가 가로수인 은행나무 위쪽의 굵은 가지들을 전기톱으로 싹둑싹둑 자르는 걸 봤어요. 그럴 때 나무들도 아파서 고통을 느끼지 않을까, 궁금했었어요. 그런가요?

아이: 잘 보셨어요. 사람들은 우리가 아픔을 느끼지 못한다고 생각하는 것 같아요. 하지만 우리도 역시 팔다리가 잘릴 때는 아프고 슬프답니다. 옆 동료들이 그런 수난을 겪을 때면 나 역시 안쓰럽고 슬퍼져요. 전기톱의 윙윙하는 기계음을 들을 때면 소름이 돋곤 하죠.

나: 그렇군요. 우리가 느끼는 걸 똑같이 느끼고 있군요. 살아가는 것이 모두에게 쉬운 일은 아닌 것 같아요. 하지만 각자 주어진 환경에서 최선을 다하며 살아갈 수밖에 없겠죠?

아이: 그래요. 지금 처해있는 상황에 따라 최선을 다하며 적응하여 살아가야죠. 지나간 일에 연연하지도 않고, 앞으로 어떻게 될 건지 미리 걱정도 하지 않으면서 오직, 현재 자연의 순리에 따라 봄이 오면 새잎을 피우고, 가을이면 낙엽을 지우고, 겨울이면 활동을 자제하며 추위를 견뎌내야죠. 옆 동료들의 눈치도 보지 않고, 서로가 간섭하지 않으면서 말이에요.

나: 지금 말한 그것이 바로 우리 인간들이 꿈꾸는 이상적인 삶이죠. 당신들은 이미 자연스럽게 실행하며 살고 있군요. 정말 부럽습니다. 오늘 이렇게 대화를 나누면서 많이 배웠어요. 앞으로도 종종 만나 얘기하도록 해요. 그럼 그때까지 안녕!

아이: 네^^ 그럼 안녕!

오늘 대화에서 느낀 게 많았다.
삶에 대한 안목이 더 깊어지고, 뭇 생명체에 대한 인식의 폭도 더 넓어진 듯싶다.

그 누구도 나의 삶을 대신 살아줄 수는 없다.
내가 나의 삶의 주인으로서 당당하게 즐겁게 살아갈 뿐이다.

5

영혼이 전해주는 메시지를 읽다

무아를 맛보다

나는 외부로부터 나에게 상처가 되는 말이나 행동을 접하게 되었을 때, 버럭 화를 내거나 한동안 상처받은 괴로운 감정을 두고두고 곱씹으며 우울해하곤 했다. 그런데 명상을 하면서 나의 내면을 자주 들여다보게 되었고 메타인지로 성찰하는 시간이 늘어감에 따라, 서서히 외부의 상황에 덜 휘둘리게 되었다.

특히 내가 도움받았던 수행이 불교의 무아(無我) 사상이었다.
무(無)가 된다는 것은 내가 완전히 없어져 텅 빈 존재가 된다는 것이 아니다. 나의 개체의식이 점점 줄어들어 사라지고, 존재의 본질과 하나 되어, 온 우주를 아우르는 '나' 의식의 확장을 의미하는 것이다. 이 말은 모든 존재가 하나로 연결되어 상호의존하며 영향을 주고받는다는 말과도 상통한다.

개체의식인 자아를 해체하면 자아와 외부를 구분 짓던 경계가 사라지고, 나와 상대는 개별적 존재가 아니고 하나로 인식된다. 이렇게 되었을 때 나의 개체적 관점은 사라지고 대상에 대한 분별심에서 벗어나, 개인의 왜곡된 선입관이 배제된, 보편적이고 초월적인, 있는 그대로의 시각으로 대상을 볼 수 있게 되는 것이다.

   나는 명상을 통하여 때때로 이러한 무아(無我) 체험의 맛을 살짝 보곤 한다.
   먼저 나의 몸을 들여다본다. 몸에는 30조 개의 세포가 있다고 하는데, 세포는 원자로 구성되어있고 원자는 원자핵과 그 주위의 전자로 이루어져있다. 그런데 놀라운 것은 원자핵과 전자 사이의 99.999%가 텅 비어있다는 것이다. 이 거대한 우주는 물론, 저 단단한 바위나 쇳덩이, 그리고 내 몸도 실상은 텅 비어있다. '나'라고 하는 실체가 없는 것이다.

   조용히 눈을 감고 실체 없는 나의 내면을 주시한다.
   텅 빈 공간 속을 수많은 에너지 입자들이 빠르게 지나간다. 관찰하던 중 외부로부터 몇 가닥의 부정적 에너지가 들어왔음을 감지하게 되었다. 이전 같으면 무의식적으로 즉각 반응하거나 애써 무시하거나 회피했을 터이다. 하지만 지금 이 순간, 이 부정적 에너지가 그대로 나를 통과하도록 놔둔다. 나는 투명 인간이 된다. 바람이 촘촘한 그물망을 순식간에 통과하듯 한 가닥의 부정적 기운도 남김없이 나를 통과하도록 한다. 이렇게 무아 체험을 하였다.

   문득, 오래전 배우 리처드 기어가 방한했을 때 어느 TV 인터뷰에서 한 말이 떠오른다. 그는 상대가 자신에게 상처를 주는 말이나 행동을 어떻게 슬기롭게 극복하느냐는 질문에 이렇게 답변한 것으로 기억한다.

"그런 상황에서 나는 자신이 없는 것으로 상상하죠. 상대의 말이나 행동에 반응할 나의 에고가 없다고 생각하면 화를 내거나 흥분할 일도 없게 되죠. 이렇게 하여 마음의 평온을 유지합니다."

그렇다! 외부의 자극이나 과거의 묵은 찌꺼기도, 다가올 미래의 어떠한 두려움도 에고를 벗어난 나에게는 전혀 영향을 미치지 못한다. 지금 이 순간, 있는 그대로의 현존에 의식을 오롯이 집중하는 것이다.

얼마 전 책에서 우주와 하나 된 무아의 체험을 아름답게 표현한 글을 읽게 되었다.
저자는 말기 암 환자로서 스웨덴에서 로마까지 166일 동안 혼자 도보여행을 하였던 아주 별난 사람이다. 그가 여행하며 어느 숲속에서 체험했을 때의 이야기다.

> 이날 밤 나는 몸 세포 하나하나가 전 우주와 일체를 이루고 있다는 기분에 휩싸였다. 광활한 하늘 아래 있으면서 집처럼 편안했고, 이 순간의 말할 수 없는 아름다움과 숭고함 때문인지 어느결에 눈물이 흘렀다.
> (출처: 쿠르트 파이페, 《천천히 걸어, 희망으로》, 송소민 역, 서해문집, 2009)

에고는 사라지고 본래의 나, '진아'가 온 우주와 하나가 되는 무아의 체험은 하늘이 주는 놀라운 선물이었다.

인연을 생각하다

지인으로부터 한 편의 감동적인 글이 담긴 문자를 받았다. 실화였는데 내용은 대략 이렇다.

29살의 어느 총각이 일을 마치고 집으로 가던 중 횡단보도에서 자동차에 부딪혀서 중상을 입게 되었다. 응급실에 실려 간 그는 기적적으로 목숨은 건졌지만, 시력을 잃게 되었다. 그는 절망했고 결국 아무 일도 할 수 없는 지경이 되었다. 하지만 그는 병원에서 같은 병실에 입원해있던 9살의 한 소녀를 만나게 되었다. 소녀가 먼저 그에게 말을 붙여왔지만, 그는 너무나 비참한 자신의 신세만 한탄하며 소녀를 외면하곤 했다. 그러나 그 아이는 계속 그에게 다가와 친구 하자고 떼를 쓰며 살갑게 말을 붙여왔다.

한숨만 푹푹 쉬는 그에게 아이는 말한다.

"근데, 울 엄마가 그랬어. 병도 이쁜 맘 먹으면 낫는대. 내가 환자라고 생각하면 환자지만 환자라고 생각 안 하면 환자가 아니라고 그

랬단 말이야."

이런 얘기도 한다.

"며칠 전에 옆 침대 쓰던 언니가 하늘나라에 갔어. 엄마는 그 언니는 착한 아이라서 하늘의 별이 된다고 했어. 별이 되어서 어두운 밤에도 사람들을 무섭지 않게 환하게 해준다고…."
또 며칠 후에 아이는 그 청년에게 이렇게 살갑게 말한다.

"…그런데 나는 의사 선생님이 곧 나을 거라고 했어. 이젠 한 달 뒤에는 더 이상 병원에 있을 필요 없다고 … 아저씨 … 그러니까 … 한 달 뒤에는 나 보고 싶어도 못 보니까, 이렇게 한숨만 쉬지 말고 나랑 놀아줘 … 응? … 아저씨…."

그녀의 한마디 한마디는 그를 미소 짓게 하였고, 밝은 태양이 음지를 비추듯 그에게 용기를 주었다. 그는 이렇게 얘기하는 아이가 점점 귀엽고 이쁘다고 생각하게 되었다. 그는 이윽고 아이와 단짝 친구가 되었고, 급기야는 병원 내 소문난 커플이 되었다. 아이는 그의 눈이 되어 저녁마다 함께 산책했고, 아홉 살 꼬마 아이가 사용한다고 믿기에는 놀라울 정도의 어휘로 그에게 주위 사람과 풍경 얘기 등을 들려주었다. 그러던 중 그가 먼저 퇴원하게 되었다. 그는 아이를 볼 수는 없었지만, 가녀린 새끼손가락에 고리를 걸고 아이가 퇴원할 때 꼭 가겠다고 약속을 했다.

그리고 퇴원한 지 2주일이 지나, 청년은 꿈에 그리던 안구 기증자가 들어왔다는 기쁜 소식을 듣게 된다. 일주일 후 그는 이식 수술을 받게 되었고 수술 3일 후에는 드디어 꿈에 그리던 세상을 볼 수 있게 된다. 그는 너무 기뻐 병원 측에 감사 편지를 쓰며 기증자도 만나게 해달라고 한다. 그러던 중 병원으로부터 기증자 소식을 듣게 되었는데 순간, 그는 바닥에 주저앉을 수밖에 없었다. 기증자는 다름 아닌 그 아이였다. 건강하게 퇴원하리라고 믿었던 그 아이가 사실은 백혈병 말기 환자였던 것이다. 얼마 후 그는 그녀의 어머니를 만나게 되었고 그녀가 전하는 말을 듣게 되었다.

"정혜가 자기가 저세상에 가면 꼭 눈을 아저씨께 주고 싶다고 했어요.
그리고 꼭 이 편지 아저씨에게 전해달라고…."

또박또박 적은 편지에는 아홉 살짜리 글씨로 이렇게 쓰여있었다.

"나 정혜야. 음~ 이제 저기 수술실에 들어간다. 옛날에 옆 침대 언니도 거기에서 하늘나라로 갔는데…. 정혜도 어떻게 될지는 모르겠어. 그래서 하는 말인데, 아저씨! 내가 만일 하늘로 가면 나 아저씨 눈 할게. 그래서 영원히 아저씨랑 같이 살래."

그의 눈에는 두 줄기의 눈물이 흘러내리고 있었다.

이 드라마틱한 글을 읽고 나니 콧날이 시큰거리며 눈시울이 화끈해지는 것과 동시에 몇 가지 궁금증이 일어났다.
이 청년과 아이는 과거에 어떤 인연이었길래 이렇게 극적으로 만나게 되었을까?
그가 교통사고를 당하지 않았더라면, 그리고 같은 병원에 입원하지 않았더라면 그녀를 만날 수 있었을까? 그녀는 그의 눈이 되어 함께하고 싶어서, 그의 친구가 되려고 그렇게 살갑게 굴었을까?
그렇다면 지금 내가 경험하고 있는 이 현실도 무수한 의미의 복선으로 가득 차있는 건 아닐까? 의문은 실타래처럼 줄줄이 이어진다.

문득 며칠 전 내가 겪었던 이야기 하나도 혹시 인연이지 않았나 생각이 든다.
늦은 저녁을 먹고 비가 부슬부슬 왔지만 산책을 나섰다. 왠지 모르게 평소 가던 천변길 대신 아파트 주변 공원길을 걷고 싶었다. 공원을 향하여 가다가 아파트 주변 샛길을 지나게 되었다. 가다 보니 길 앞에 뭔가 쓰러져있는 것이 보였다.
접시꽃 나무였다.
줄기 세 개가 간밤의 비바람에 못 이겨 넘어진 것이다. 그런데 이 아이는 내가 평소 지나칠 때마다 관심을 두고 '열심히 커서 엄마처럼 이쁜 꽃을 피우라'고 독려하던 그 나무가 아닌가?

이 아이 엄마는 지난여름 태풍이 불어 비바람이 몹시 치는 날, 길바닥에 쓰러져있어서 내가 일으켜 세우느라 진통을 겪었던 경험이 있었다. 나는 이 아이를 볼 때마다 아이의 엄마를 생각하며 말하곤 했었다.

"얘야! 너는 엄마처럼 비바람에도 쉬이 넘어지지 않도록 너무 위로만 쑥쑥 키를 키우지 말고 허리를 튼튼하게 다져야 한단다. 그래야 오랫동안 이쁜 꽃도 피우며 즐겁게 살 수 있어요."

하지만 이 아이는 내 말을 경청하지 않은 게 틀림없다. 당장 지금 쓰러진 줄기를 일으켜 세워야 했다. 한 해 전 이 아이의 엄마에게 했던 것처럼 근처로 가서 줄기를 받쳐줄 지지대와 비닐 노끈을 구하여 임시방편으로 묶어 세워주었다. 아무쪼록 이 난관을 잘 버텨 이번 여름 한철, 엄마가 피웠던 것처럼 아름다운 꽃을 많이 피우길 바랐다.

지금 생각해보니, 이 또한 나와 접시꽃의 인연의 끈이 연결되어있는 게 아닐까? 이 아이의 엄마로부터 맺어진 인연이 그 후대에까지 연연히 지속하여온 것이다. 나와 보이지 않는 끈으로 연결된 인연을 소중히 생각하며 이어가고 싶다.

우리는 모른다.
더 많은 걸 알고 싶지만, 알 수도 없다.

내가 오늘 맞닥뜨리고 있는 이 현실이 어떤 인연으로 나에게 오게 되었는지, 그 의미는 무엇인지, 내 자유의지는 얼마나 작용하는지, 나는 전혀 모른다.

다만, 나는 주어진 현실을 저항하지도 거부하지도 않고,
감사하는 마음으로, 소중한 인연으로 받아들일 뿐이다.

인연이란

우리는 살아가면서 수많은 인연을 맺고, 잊어버리고, 또 새로운 인연을 꿈꾸며 산다.

그 인연은 언제 어떻게 나에게 다가오는지, 그러다가 왜 그렇게 아쉬움도 나누지 못하고 훌쩍 떠나가는지 모른다. 좋은 인연이 있으면 나쁜 인연도 있고, 긴 인연이 있는가 하면 짧은 인연도 있다. 얼마 전 짧은 인연을 경험했는데 그 이야기를 해보려고 한다.

우리 집 거실 입구에 유리 장식장이 있는데, 거기에는 그동안 여행하면서 모은 여러 가지 기념품을 전시해놓았다. 안방에서 거실에 가면서 가끔 들여다보곤 하였다. 그날 아침에도 보게 되었는데 뭔가 사라진 게 있었다.

그건 언젠가 동남아 여행지에서 가져온, 상아로 만든 엄지손톱만 한 크기의 세 마리 코끼리 상 중 한 마리였다. 없어진 한 마리의 새끼 코끼리는 언제부턴가 다른 형제들과는 달리, 한쪽 다리가 약간 짧아서 스스로는 서있을 수 없었다. 그래서 나는 다른 형제의 어깨에 기대어 서있을 수 있도록 해주었다. 그런 후부터 그 아이를 더욱 관심 있게 지켜보게 되었고 연민의 마음으로 손으로 쓰다듬어주곤 하였다.

나는 즉시 아내에게 의심의 눈초리로 물어봤고, 아내는 전날 장식장 청소하면서 정리했다고 대수롭지 않게 대답했다. 순간 가슴속에서 뭔가 치밀어 오르는 게 느껴졌다. 이전 같았으면 왜 물어보지도 않고 치웠냐고 큰소리를 치며 화를 냈을지도 모른다. 그러나 이번에는 달랐다. 또 하나의 '나'가 화가 난다는 걸 즉각 인지하고 내 마음을 진정시키고 있었다. 그러면서 내면의 '나'는 나를 다독이며 한마디 한다.

"그 친구와 자네는 이제 인연이 다한 게야. 그러니 너무 안타까워하지 마!"

이 한마디에 나의 화는 흔적도 없이 사라지고, 마음은 곧 평온함을 찾게 되었다. 신기했다.
이 한마디에 수십 년 습관적으로 반응하던 감정 시스템은 어떻게 하여 순식간에 무력화되었나?
저녁 산책하면서 곰곰 생각해봤다.

이 친구를 다시 데려오려고 쓰레기통을 뒤지고 소란을 피운다는 것도, 알고 보면 나의 집착이나 다름없는 게 아닐까? 내가 이 친구의 불편한 몸을 의식하고 안쓰러워 다른 형제들보다 더 관심을 보인 것도, 지금 있는 그대로를 보지 않고 차별화된 집착의 마음으로 본 것이다. 아이의 애처로운 겉모습 때문에 그 아이만 손으로 쓰다듬어 주고 따뜻한 눈길로 바라봐주었다. 다른 두 형제에게는 눈길도 주지 않으면서 말이다.

이렇게 집착의 마음을 낸 나를 들여다보며, 이 아이가 가야 할 때가 되어 이제는 꽉 쥐고 있던 두 손을 놓고 나를 비우게 되니 마음의 평온함을 되찾을 수 있었던 것이다.

인연에 대해서 다시 생각해보게 되었다.

그동안 삶을 돌이켜보면, 내가 맺은 수많은 인연의 끈이 나도 모르는 사이에 언제 어떻게 풀려버리게 되는지 알 수 없는 경우를 얼마나 많이 경험해봤던가. 정상적인 머리로는 도무지 이해할 수 없는, 당혹스럽고 어처구니없는 현실에 실망하고 허탈감에 빠졌던 일들이 머릿속에 주마등처럼 스쳐간다.

군대 제대 후 생각지도 못했던 갑작스러운 어머님의 별세, 가까운 친구와의 아쉬운 이별, 키우던 치와와 '또띠'와의 이별 등 수많은 사람, 동식물과의 헤어짐의 순간들이 아련히 떠오른다. 이들과의 인연은 왜 그렇게 아쉽게 다했는지 또 언제 어떻게 다시 이어질지 모른다.

그러니 이 코끼리 친구와의 인연도 어떤 이유로 인해 이제 종말에 이른 것이라고 믿고 싶다. 이 인연의 다함이 뭣 때문에 일어났는지는 알 수도 없다. 나는 수면 아래에 존재하는 연기(緣起)에 의한 인드라망의 거대한 그물 위에 드러난 극히 일부분만 볼 수 있기 때문이다.

그렇다!

현실에서 일어나는 모든 일의 이면에는 분명 내가 알지 못하는 그 무엇이 있을 것이다. 아무 원인도 없이 그냥 우연히 일어나는 것은 아닐 것이다. 나는 알지 못한 채 주어진 현실을 겸허하게 수용할 뿐이다. 좋은 건 감사하는 마음으로, 나쁜 건 영혼의 성장을 위한 배움의 기회로 삼으면서 말이다.

내가 할 수 있는 유일한 것은 가는 인연은 애써서 붙잡지도 말고, 웃으며 떠나보내며 그동안의 인연을 가슴에 소중히 간직하는 일이다. 이 기억 또한 내 마음대로 언제까지나 보존할 수는 없다. 세월이 흐르면 망각하게 되고 뇌에서 영원히 지워질 것이다. 이러다가 또, 어디선가 오게 되는 인연은 반가운 마음으로 즐겁게 맞이하여 새롭게 이어가는 것이 바로 우리의 삶이 아니겠는가.

이렇게 삶은 어깨에 힘을 빼고 가볍게,
꽉 움켜쥔 두 손을 놓고 빈손으로 가는 여정으로
나에게 새롭게 다가왔다.

진정한 기도

'진정한 기도'란 어떤 기도일까? 기도의 진정한 의미를 생각해본다. 우리가 흔히 말하는 기도는 '절대자인 신에게 원하는 것을 구하는 의식'을 말한다. 기도에는 목적과 내용에 따라 사람마다 각기 다양한 색깔과 성격의 기도가 있을 듯싶다. 그러니 '진정한 기도'가 어떤 것인지 한마디로 정의를 내린다는 것은 난센스다. 하지만 어떤 기도가 제대로 하는 기도인지, 진정 내가 하고픈 기도인지 생각해본다.

거의 모든 종교에서 기도는 '신과 대화하는 것'이고 신의 마음을 감동시키기 위해서는 '진실한 마음'이 담겨야 한다고 말한다. 이런 일반적인 기도의 의미와 자세는 누구나 수긍하고 동의하는 것 같다. 그러나 단지 사적인 에고의 욕심을 절대자에게 간청하는 기도에 대해서는 날카로운 비판적 시각을 던지는 사람들이 적지 않다. 심지어 이렇게 말하는 사람도 있다.

자신의 욕망을 강화하기 위해 신의 이름을 이용하는 자기만족이다.
(고전 문헌학자 배철현 교수)

지극히 부당하게 한 명의 청원자를 위하여 우주의 법칙을 무력화하자고 요구하는 행위이다.

(미국 소설가 앰브로즈 비어스)

이들은 왜 이렇게 날 선, 듣기에 거북한 말들을 쏟아낼까?
그렇다면 무엇이 잘못되었고 어떻게 기도해야 하는 것일까?

일단 신이 있다고 전제한다면 '어떤 기도가 신에게 감동을 일으켜 신의 마음을 움직일까'를 생각해본다. 나는 무엇보다도 기도하는 주체와 요구사항이 합당해야 한다고 생각한다. 요구사항이 온전하지 않은 기도이거나 요구할 자격도 안 되는 사람이 하는 기도는 결코 신을 감동시킬 수 없을 것이다.

기도의 충분조건을 크게 두 가지로 생각해봤다.
하나는, 기도하는 사람이 '스스로 최선을 다했는가?' 하는 것이다. 내가 스스로 해결이 가능함에도 자신은 수고하지 않고 신에게 요구한다는 것은 어불성설이다. 이건 신에 대한 모독이다. 이런 맹목적인 요구는 실망감만 불러올 뿐 전혀 도움이 안 될 것이다.
두 번째는, 기도의 요구사항이 공정한 신이 봤을 때 '도리에 합당한 요구인가?'라는 것이다. 신은 전지전능하고 공정 무사(公正 無私)하기 때문에 마땅히 도와줄만한 일이어야 한다. 요구의 내용이 에고의 욕심에 의한, 사적 이익만을 취하기 위한 것이라면, 오히려 신을 시험해보려는 불순한 기도가 될 수 있기 때문이다.

그렇다면 '진정한 기도'란 어떤 것일까?

무언가를 외부에 기대하고 바라는 것이 아니라, 나의 내면을 들여다보는 성찰에서 우러나오는, 진실한 고백 같은 건지도 모른다. 성경에서도 예수가 이렇게 말씀하셨다.

"신의 나라는 볼 수 있게 오는 것이 아니며, 또 '여기 있다', '저기 있다' 하고 말할 수도 없다. 왜냐하면, 신의 나라는 너희 안에 있기 때문이다."(누가 17:20~21)

신이 진정 전지전능하고 공정 무사하다면 내가 굳이 눈물로 간청하지 않더라도 되어야만 할 일은 될 것이고, 안 될 일은 안 될 것이다. 신은 우리 인간의 제한적이고 편협된 머리로 쉽게 인지하고 짐작할 수 있는 대상이 아니라, 이 우주를 주관하시는 분이기 때문이다. 그러기 때문에 신에 대한 무한 신뢰를 바탕으로, 신이 나에게 부여한 본성에 따라 당당하게 사고하고 행동한다면, 내가 할 수 있는 일은 그걸로 충분하다고 생각한다. 그 후의 결과에 대해서는 신의 뜻으로 남겨놓고 싶다.

결국 기도란 내가 나의 내면을 향하여, '바라는 것 없이 마음을 내는 행위'라고 정의하고 싶다. 바라는 마음은 취하고자 하는 대상에 집착하게 하여, 많은 허망한 생각을 일으키고 판단을 흐리게 하며, 심지어 나와 남을 곤경에 빠뜨릴 수도 있기 때문이다.

노력하되 집착 없이 행하는 마음을 가장 적절하게 표현한 구절을 불교 경전인 《금강경》에서도 음미할 수 있었다.

'응무소주 이생기심(應無所住 而生其心)'

'어느 곳에도 마음이 머물지 않도록 집착하지 않고 마음을 내라'는 의미이다.

이런 맑고 청정한, 사심 없는 마음에 신이 감동하여
어찌 기도를 들어주지 않겠는가.

생명의 존엄성을 생각하다

요즘 온 나라가 한 생명의 안타까운 죽음으로 떠들썩하다.

한 의대생의 한강 공원에서의 미심쩍은 사망 사건 때문이다. 언론과 유튜브에서는 죽음의 의문을 밝히는 경찰의 발표에 귀를 기울이고, 연일 의문과 반론을 쏟아내고 있다. 사망한 지 거의 한 달이 흘렀지만 석연치 않은 경찰 수사는 지켜보는 국민의 마음을 애태우게 한다.

나 역시 매일 저녁 늦은 시간에 유튜브의 사건분석 내용에 시선을 고정하게 된다. 어제는 100만 명 이상의 구독자를 보유한 S 채널과 전직 탐정 I 씨의 치밀한 사건분석에 공감하며 새벽 한 시까지 시청하다 잠자리에 들었고, 그제는 사건의 의문을 하나씩 풀어내는 K 기자의 유튜브 생방송에 밤잠을 설치지 않을 수 없었다. 무엇보다도 놀라운 것은 이렇게 야심한 시각의 생방송을 무려 2만 명이 넘는 시청자가 동시에 보고 있었고 수천 개의 댓글이 달리고 있다는 점이다.

무엇 때문에 죽은 대학생과 아무 연고가 없는 이들이 이렇게까지 분노할까?

우리는 뉴스를 통해 세계 각지에서 벌어지는, 수백 명이 사망하는 비행기 추락 건에서부터 어느 시골 마을의 단순한 폭행 건에 이르기까지 크고 작은 사건 사고를 시시각각으로 접한다. 그럼에도 우리는 일상생활을 하는 데 이런 일들로 아무런 영향을 받지 않는다. 나와 직접적인 관련이 없는 일이기 때문이다. 그렇다면 이번 사망 사건 역시, 자신과 직접 관련이 없음에도 불구하고 왜 이렇게 많은 사람을 분노하게 할까?
　그것은 그의 죽음이 억울한 죽음일 수도 있다는 생각 때문이 아닐까?
　나 역시, 사망한 학생 또래의 아들을 둔 부모의 입장이 되어 생각해본다. 애지중지 키워온 아들이 원인도 알 수 없는 죽음을 맞이했다고 한다면 어느 부모가 미치지 않겠는가. 천재지변이 아니라 타인에 의한 죽음이라면 더더욱 비통하고 분노할 것이다.

　이번 사건에 대해 수많은 사람이 토해내는 울분의 목소리를 듣고 생명의 존귀함을 새삼 깨닫게 되었다. 죽은 학생이 성실하고 똑똑한 학생이었다거나 귀한 외아들이어서가 아니라 생명, 그 자체의 존엄성 때문이다.
　우리의 존재는 영원하지 않고 또 무한하고 거대한 우주 안에서 미미한 티끌에 불과하지만, 우리 개별 생명의 가치는 남녀노소, 인종, 신념, 사회적 지위, 부 등을 이유로 그 누구도 간섭하거나 침해할 수 없는 존엄한 것이다. 이렇게 귀중한 존재의 죽음에 대해서 국민의 안전을 책임지는 경찰의 미온적이고, 뭔가 진실을 은폐하려는 석연치 않은 태도에 국민은 더더욱 의분을 일으키는 게 아닐까.

 이번 사건을 계기로 나 자신은 물론, 상대의 존재 의미에 대해서도 재인식하게 되었다. 그동안 나는 존재의 의미, 생명의 가치를 관념적으로나 피상적으로만 느껴왔던 것 같다. 눈에 보이는 것에 얽매여 존재의 본질을 보지 못하고 자의적으로 판단하거나, 남과 비교하여 우월감이나 열등감을 느끼는 어리석음을 범하지 않았나 돌아보게 된다. 모든 존재는 그 자체로 존귀한 것이다. 문득 아인슈타인이 한 말이 떠오른다.

> 생명 사상의 본질은 모든 피조물의 생명을 긍정하는 태도에 있다. 개인의 생명은 모든 살아있는 것들의 생명을 더 고귀하고 아름답게 할 때만 의미가 있다. 생명은 신성하며, 모든 가치에 앞서는 최고의 가치이다.
> (출처: 알베르트 아인슈타인, 《나는 세상을 어떻게 보는가》, 강승희 역, 호메로스, 2017)

 얼마 전 어느 지인이 보내준 카톡 메시지가 생각난다.
 UN이 발표하는 '인류 행복지수'에서 덴마크는 세계 200여 개 국가 중 해마다 최상위권으로 손꼽힌다. 그 비결은 이상적인 복지정책과 바람직한 교육시스템 때문이 아니라 '사람은 누구나가 모두 존귀하다'라는 가치관을 바탕으로 상대방에 대한 존중과 배려의 마음으로 살아가기 때문이라는 것이었다.
 알고 보니 그들의 이러한 의식의 토대에는 '얀테의 법칙(Jante's Law)'이라는 규칙이 있었다. 그 내용 중 몇 가지를 낭독해본다. 경청하여 실행에 옮겨보는 것이 어떨까.

- 스스로 특별한 사람이라고 생각하지 말라.
- 내가 다른 사람들보다 더 좋은 사람으로 착각하지 말라.
- 다른 사람들보다 더 똑똑하거나, 더 많이 알고 있다거나, 더 중요한 위치에 있다고 생각하지도 말라.
- 다른 사람을 비웃지 말고 가르치려 들지 말라.

이런 가르침을 마음속에 새겨서 몸소 실행에 옮긴다면 나와 다른 사람을 보는 시선이 근본적으로 바뀌어 우리 사회가 더욱 밝아지지 않을까?

대상의 범위를 좀 더 확장하여 우리 인간뿐 아니라 동식물에 이르기까지, 모든 생명을 존중하고 배려하는 마음으로 살아간다면 더 바랄 나위가 없을 것이다. 문득 어릴 적에 읽었던 한 위인전 일화가 생각난다.

우리 세대의 사람들은 거의 다 어릴 때 위인전을 읽으면서 장래의 꿈을 꾸고 의지를 불태우곤 했다. 나 역시 많은 위인전을 읽었는데, 그중에서 김춘추를 도와 삼국을 통일한 김유신의 위인전에 나오는 한 이야기를 들여다본다.

김유신은 한때 천관이라는 기녀에게 마음을 빼앗겨 술집을 자주 드나들었다. 이 사실을 안 어머니로부터 크게 꾸지람을 듣고 김유신은 깊이 반성하였다. 그런데 어느 날, 그의 말(馬)이 술에 만취한 김유신을 등에 태우고 늘 가던 천관이라는 여인이 있는 곳으로 데려가

자, 술에서 깨어난 김유신은 자신의 말의 목을 순식간에 베어버렸다는 내용이다.

우리는 학교에서나 책에서, 이러한 김유신의 습관을 고치기 위한 단호한 결단력이 신라 통일의 밑거름이 되었다고 칭송하며 가르치는 것을 배우면서 자랐다. 이 일화는 우리의 잠재의식 속에 오랫동안 굳건히 자리 잡아 사고 전반에 영향을 끼쳐왔을 것이다.

그런데 지금 생각하면 이 일화는 한마디로 생명의 존엄성에 대해선 일말의 인식도 없는, 극히 인간 중심적 사고의 발상이었다. 그 당시에도 불교의 영향으로 생명 중시 사상은 원광법사의 세속오계의 한 계율, 살생유택(殺生有擇)이라는 가르침으로 권장되었고, 화랑도 정신의 근간이었던 점을 고려한다면, 그의 행위를 도저히 이해할 수가 없다.

그뿐인가.

단순히 자신의 나쁜 버릇을 고치기 위해서 자기가 사랑하는 말의 생명을 희생양으로 삼았다는 것은 더더구나 이해할 수 없다. 말은 자신의 주인이 늘 가던 곳을 미리 알고 데려다줄 만큼 영리하고 충성스러운 말이었음에 더욱 가슴이 아려온다.

이런 어처구니없는 얘기를 위인의 모범적인 행위로 칭찬하며 본받으라고 교육해왔다는 점이 너무 어이가 없고 슬프다. 나는 지금까지 이러한 몰상식한 행위에 대해서 반론을 제기했다는 사람을 한 사람도 들어본 적이 없다. 늦게나마 이 자리를 빌려 억울하게 죽은 말에게 용서를 빌고 싶다.

"부디 인간의 무지와 오만함을 용서하고 이제는 편하게 쉬길 바랍니다."

영혼의 메시지

며칠 전 유튜브에서 본 동영상 하나가 저녁 산책길에서 계속 말을 건다.

"머리로는 알면서도 왜 아직 깨닫지 못하고 외면하고 사느냐?"

M 연구소에서 시행한 실제 최면 상담을 직접 녹화한 영상이었는데, 한 여성이 최면을 받던 중, 여러 메시지와 함께 들었던 말이다. 이 말이 산책하는 내내 머릿속을 떠나지 않았다. 그 영상에서 들었던 영혼의 메시지를 하나씩 음미해본다.

먼저, '모든 인류는 평등하고, 모든 만물은 귀중하다'는 메시지다.
모든 인류가 평등하고, 모든 생명은 존엄하다는 것은 이미 학교에서, 책에서 귀가 따갑도록 들어와서 별다른 내용이 아닌 듯싶었다. 하지만 다시 생각해보니 내 생각과 행동은 여전히 이것을 부정하고 있었다.
어디 나쁜인가?

지구 대부분의 국가, 사회나 시대 정신이 인류의 불평등을 당연하게 여기고 있는 게 아닐까. 우리는 겉으로 보이는 외모, 직업, 권력, 재산, 학력, 지능 등등에 따라 의식하든, 의식하지 않든 간에 차별화된 시각으로 보고 판단한다. 무의식 속에 너무나 뿌리 깊게 자리 잡힌 편견 때문에 개개인의 인간을 있는 그대로 보지 못한다.

가령 외모의 경우를 보더라도, 눈에 보이는 신체의 극히 일부분의 장애 하나를 이유로 상대를 열등하고 모자라는 사람으로 인식하는 오만과 어리석음을 저지르고 있는 것이 실상이다. 눈으로 볼 수 없는 내적 덕성과 자질은 고려하지 않고, 우리 인체 내 수많은 기능 중 단지 눈에 띄는 몇 가지 기능만으로 상대를 판단하는 게 얼마나 터무니없는 난센스인가.

세상에 결점 없는 완벽한 존재는 없다.

누구나 결점을 안고 산다. 자연 속에서 자유롭게 자기만의 세상을 마음껏 살아가는 새들, 푸나무들, 곤충들, 짐승들이 살아가는 모습을 본다. 우리도 저들처럼 주어진 능력껏 자신만의 삶을 살아가면 되는 것이다. 끊임없이 곁눈질하며 비교하고 속단하고 불평하며, 고통 속에서 살아가는 대신 말이다.

또한, 인간 이외의 모든 동식물에 대한 인간 중심적인 오만과 편견도 심각하다. 우리는 단지 지능이 높고 사고를 할 수 있다는 우월감 때문에 타 생명을 마음대로 할 수 있다는 생각에서 아직도 벗어나지 못하고 있다. 나의 생명이 귀중하다면 타자의 생명도 존중해야 하는 것이 순리에 합당하지 않을까. 만물을 창조한 신의 관점에서 보더라도, 자신의 속성을 부여한 모든 생명체가 주어진 각자의 본성에 따라 서로 어우러져 삶을 즐겁게 살아가기를 바랄 것이다.

또 다른 영혼의 메시지는 '우리 모두는 하나로 연결되어있다'는 것이다.

이 말도 영성 공부하면서 너무나 많이 들어본 말 중의 하나이다. 실제로 체감할 수는 없었지만, 막연히 그럴 것이라는 믿음은 가지고 있던 터였다. 그러나 이렇게 최면을 통하여 들려온 하늘의 메시지를 직접 접하게 되니 또 다른 감동이 느껴진다.

우리 인간은 물론 동식물, 더 나아가 무생물에 이르기까지 지구 내 하나의 큰 공동체를 이루고 있다고 생각해본다. 현대 과학에서도 지구의 모든 만물이 동일한 원소로 구성되어있다고 하지 않는가. 다만 진화의 자연 선택과 변이의 과정을 거쳐오면서, 종마다 다른 형태와 개성을 가지고 면면히 생존을 이어왔다는 것이 지금까지 밝혀진 과학적 사실이다. 내 주위의 사람들부터 인종, 민족, 국가를 초월하여 모든 인간은 물론 동물, 식물 그리고 저 우주의 별들에 이르기까지, 같은 원소로 구성된 몸을 가진 우리의 형제라고 생각해본다. 채널링 과정에서 최면에 든 내담자가 이런 말을 했던 것이 생각난다.

"하늘에 빛나는 별들이 나를 지켜주고 있어요."

이 얼마나 살 떨리는 경이롭고 신비한 체험인가?

이런 감격스러운 체험을 나도 직접 경험해보고 싶다. 하늘에서 저렇게 영롱하게 빛나는 수많은 별이 나를 향하여 사랑의 눈길을 보내고 있다고 생각해본다. 이 광경을 상상해보는 것만으로도 황홀하고 행복감에 젖는다.

이 말에 이어서 영혼의 메시지가 또 한차례 들려온다.

"모든 사람 안에는 하늘이 있고, 모두는 사랑과 빛이어라."

우리 각자의 내면에는 신의 속성인 신성한 빛과 사랑이 있지만, 단지 우리는 인식하지 못하고 있을 뿐이다. 우리는 시선을 내면으로 향하여 내면에 깃든 신성한 사랑과 빛을 자각해야 한다. 나를 둘러싼 모든 생명체와 사랑과 빛의 에너지를 교감하며 살아가야 한다.

"머리로는 알면서도 왜 아직 깨닫지 못하고 외면하고 사느냐?"는 말이 또다시 들려온다.

그렇다! 이제 당장 몇 발자국만 나가면 마주치게 되는 주위의 무수한 초목들과 동식물 그리고 우주의 별들과 따뜻한 사랑의 에너지를 공유해보고 싶다. 머릿속에만 담아놓지 말고 실제로 온몸으로 그 생생한 에너지를 직접 느껴보고 싶다.

아무튼, 오늘 이 깨달음은 앞으로의 나의 영성 공부에 커다란 전환점이 될 것 같다.

가슴속 진한 설렘을 진정시키며 감사할 따름이다.

참나를 찾아서

 존재의 근원, 영혼의 동반자인 참나는 가까이하기에는 너무나 거룩하고 신성한, 머릿속에서만 존재하는 '또 다른 나'일까?
 나는 참나를 생각할 때마다 나의 '주인공'을 떠올리며 좀 더 가깝게 이해해보려고 노력해왔다. 그러나 여전히 '주인공'은 대행 스님이 말씀하신 것처럼, 나와 언제나 함께하며 힘들 때 부르면 다가와 위로해주고 속 시원하게 문제를 해결해주는, 나의 충실한 삶의 동반자가 되기에는 너무나 먼 '거룩한 당신'이었다.

 그런데 얼마 전 유튜브에서 접한 동영상 강의를 듣고 나서, 멀리만 느껴졌던 참나의 개념이 한 걸음 가까이 다가왔다. 강의하신 '화이트 레빗'님은 막연했던 참나의 개념을 한 편의 영화 속 이야기를 통하여 눈앞에 그려지듯 설명해준다. 크리스토퍼 놀란 감독의 〈인터스텔라〉라는 영화인데 그 줄거리는 이렇다.

 가까운 미래에 지구는 심각한 환경 오염으로 인해 살 수 없게 된다. 주인공 쿠퍼는 중력을 제어하여 인류를 구출하려는 플랜A를 세우고 우주선에 몸을 담고 우주탐사를 떠난다. 하지만 얼마 후 이 플랜A는 도저히 성공할 수 없는 것임을 알고 실망에 빠져 자포자기하게 되는데, 다행히도 나중에 쿠퍼는 우주 속 5차원의 세상에서 3차원의 지구와 소통을 하게 된다. 쿠퍼는 과거의 자기 자신을 보게 되고 딸과도 소통하게 된다. 결국, 3차원의 지구에 있는 딸에게 중력을 제어할 수 있는 해답을 제시하게 되었고, 플랜A를 실행할 방법을 발견하게 되어 인류가 생존할 길을 찾게 된다는 공상 과학 이야기다.

이 영화에서 쿠퍼는 자기를 도와서 인류를 구출해준, 성숙하고 완전한 5차원의 존재들이 바로 먼 미래의 인류라는 것을 알게 된다. 여기에 착안하여 '화이트 레빗'님은 미숙하고 결함 많은 에고를 '현재의 나'로, 그리고 참나를 '미래의 나'로 비유하여 설명하였다.

이렇게 이해를 하고 나니, 참나는 멀게만 느껴졌던 존재가 아니라 바로 '미래의 나'로서 친숙하게 다가온다.

그렇구나!

'현재의 나'가 바다의 물방울 마음이라면, 무수한 영혼의 성장 과정을 거쳐 먼 미래 언젠가 깨달음을 얻게 될 때 나는 비로소 대양의 마음이 될 것이다.

또 지금 나는 우주의 티끌 같은 존재지만 먼 미래 깨달음이 완성된다면 '미래의 나'는 우주의 마음이 될 것이라는 상상도 해본다. 미래의 대양의 마음, 우주의 마음이 현재의 물방울, 먼지의 마음을 바라본다고 생각해보면, 얼마나 진한 연민의 감정이 솟아오르겠는가.

서서히 눈시울이 화끈해지고 눈물이 북받쳐 오른다.

참나는 이런 마음으로 지켜보면서 관세음보살의 한량없이 부드러운 손길과 자비로운 눈길로 나를 보호해주고 이끌어주고 있구나. 이렇게 생각하니 그동안 안개 속 나의 '주인공'의 실체가 눈앞에 선명하게 그려진다.

아스라이 깜깜한 밤하늘 속에서 한 가닥의 밝은 섬광이 뇌리를 스친다.

'시간은 순차적으로 흐르는 것이 아니라 과거, 현재, 미래는 동시에 존재한다'는 현대 이론 물리학의 개념이 막힘없이 이해된다. 그렇다면 참나는 나의 과거, 현재, 미래를 하나의 투명한 4차원의 유리구슬 속에서 다면적으로 꿰뚫어 보고 있는 '또 다른 나'인 것이다. 이렇게 참나의 실체가 내 안에 쏙 들어왔다.

그렇다!

참나는 먼 미래에 존재하는 것이 아니라 '지금 여기' 나와 함께 존재하는 것이다.

오늘의 깨달음은, 마치 5차원 속의 쿠퍼가 3차원 속 지구의 딸에게 책장 속의 책을 일부러 떨어뜨려 암시를 준 것처럼, '미래의 나'가 나에게 전해준 메시지가 아닐까?

참나가 곧 현재의 나 자신임을 깨닫게 되자 가슴은 환희로 벅차오르며 나는 대양의 마음, 우주의 마음이 된다.

이제 나는 모든 것을 완전한 나, 참나에 내려놓고 맡길 뿐이다.

어쩐지 오늘 밤은 쉬이 잠을 이루지 못할 것 같다.

시크릿을 작동시키다

 그동안 책과 영성 관련 강의에서만 봐왔던 시크릿의 비밀을 몸소 체험해보고 싶었다. 꼭 이루고 싶은 것을 머릿속으로 실제로 일어난 것처럼 상상하고 가슴으로 느끼며 행동할 때, 그것이 현실로 된다는 신비롭고 오묘한 이치다.

 며칠 전, 이 비밀의 문을 열고 용기 있게 첫발을 내디딘 나의 경험을 얘기해보겠다.
 먼저 내가 올해 꼭 이루고 싶은 것을 생각해봤다.
 먼저 떠오르는 것은 역시, 책 쓰는 일이다. 그리고 진호가 좋은 곡을 쓰고, 준호 부부가 바라던 아이가 건강하게 태어나는 것, 마지막으로 가족 모두의 건강일 듯싶다.

 그럼 이제 시크릿의 비밀의 문을 힘껏 열어젖히며 한 걸음 내디뎌본다.
 제일 먼저, 마음이 고요하도록 20분 정도 명상을 한다. 주로 새벽 잠에서 깨어난 직후나 잠들기 직전이 제일 효과가 클 것이다. 이 시간대는 에고의 저항이나 방해물이 없어 온몸의 긴장을 풀고 근원과 교감하여 우주의 소리를 듣기에 적합한 시간이기 때문이다.

다음 단계로, 내가 원하는 상황을 상상하고, 거기다 생각을 집중하여 생각의 파장을 우주의 파장과 일치시킨다. 끌어당김의 법칙에 따라 원하는 우주의 에너지를 끌어당기는 것이다. 우주는 내 생각과 느낌을 듣는다고 했다. 요령은 긍정적인 용어를 사용하는 것과 실제 원하는 것을 얻었다고 느끼며 나에게 질문을 던지는 것이다. 이렇게 나에게 확언하며 질문을 던진다.

- 내가 이렇게 글을 잘 쓰고, 이런 훌륭한 책을 낼 수 있었던 비결이 뭘까?
- 나는 어떻게 하여 나이가 들수록 통찰력이 좋아지고 지금 행복한 삶을 살게 되었을까?
- 진호가 이렇게 멋진 곡을 어떻게 작곡할 수 있었을까?
- 준호 부부가 어떻게 이런 건강하고 총명한 아이를 얻을 수 있었을까?
- 우리 가족이 모두 이렇게 건강하게 된 비결이 뭘까?

이 질문 하나하나마다 상상의 나래를 활짝 펴고 실현되는 상황을 마음껏 그려보는 것이다. 가령 글을 쓰고 책을 내는 것에 대해서는 이렇게 했다.

먼저 글을 쓰는 것에 대한 상상이다.

그동안 내가 좋아하는 분들의 책을 읽으면서 받았던 감동과 영감의 에너지가 산책하는 내내 충만한 하늘로부터 나의 뇌 속으로 쏙쏙 빨려 들어오는 상상을 한다. 이런 상상을 하면서 산책하다 보면, 어느새 나의 머릿속은 영감으로 가득 차오르고 가슴은 기쁨으로 물든다. 산책에서 돌아오는 즉시, 책상에 앉아 머릿속 영감을 노트북에 하나씩 풀어놓기만 하면 되는 것이다.

다음, 책을 내는 것에 대한 상상이다.

이렇게 쓰인 책은 많은 독자로부터 뜨거운 공감을 불러일으키고, 인쇄를 거듭하고 급기야는 해외로까지 퍼져 여러 나라의 언어로 번역이 되기도 한다. 느지막하여 나에게 이러한 복주머니가 굴러들어온 것이다.

뇌는 순진한 아이와 같아서 내가 생각하고 느끼는 대로 받아들인다고 한다. 내가 이렇게 행복한 상황을 마음껏 상상하며 진한 감정을 실어 느끼고 있으니, 뇌도 당연히 이것을 현실로 받아들인다는 것이다. 몸과 마음은 하나가 되어 긍정적 에너지로 충만하고, 나의 이 강력한 에너지는 우주의 긍정적 에너지 파장을 더욱 끌어당기게 된다.

이 단계에서 중요한 것은 나에게 주어진 이 커다란 행운에 대해서 마음으로 감격하며 감사하는 것이다. 가슴에는 행복 알갱이들이 톡톡 터지며 환한 빛을 내고, 머릿속에선 엔돌핀과 도파민이 송송 뿜어나온다. 내 일생에서 처음 맛보는 황홀한 체험에 나는 우주에 무한한 감사의 메시지를 보낸다.

하지만 이 비밀의 끌어당김은 생각과 느낌만으로는 부족하다.
중요한 것은 실제 몸으로 행동하는 것이다. 매일 새벽과 잠들기 직전 집중 명상을 하고, 책상에 앉아 열심히 책을 읽고 글을 쓰고, 식사 후에는 반드시 산책을 습관화함으로써 실행력을 가속하는 것이다.

이제 겨우 시크릿의 비밀의 문을 열고 몇 걸음을 내디뎠을 뿐이다.
나는 무엇보다 자신에 대한 굳건한 신뢰와 함께, 이루고자 하는 것에 집착하지 않고 내가 하고 싶은 일을 묵묵히 할 뿐이다. 나머지는 우주가 알아서 움직일 것이다.

치유의 기도

　이른 아침, 잠에서 어렴풋이 깨어난다.
　며칠 전 책에서 읽었던 내용을 나 역시 체험해보고 싶었다.
　지인인 K의 과거 내면 아이의 어두운 상처를 사랑과 용서로 치유하고 싶었다. K가 잊힐만하다가도 툭툭 튀어나오는 내면의 어두운 기억들에서 이제는 벗어나 긍정적 삶을 살았으면 좋겠다.
　상처와 지혜는 같은 경험에서 파생된 양극단이며, 같은 순환고리의 시작이자 완성이라고 했다. 지혜는 상처로부터 나온다. 우리는 고통스러운 경험에 긍정적 의미를 부여함으로써 상처를 지혜로 승화시킬 수 있을 것이다.
　책에서는 우리가 에너지장 속에서 헤엄치고 있으며, 나의 마음속에 품은 믿음과 기도가 에너지장을 통해서 주변으로 전달된다고 했다. 그리고 나를 세상과 연결하는 에너지장과 소통하는 길은 바로 기도가 응답받았을 때의 '느낌과 감정'에 있다는 것이, 최근 여러 과학연구 결과 밝혀졌다고 적혀있었다.
　모든 의심을 떨쳐버리고 이기적 자아나 편견 없는 느낌의 언어로, 모든 감각의 문을 열어젖히고 세상을 나와 연결한다. 이어서 이미 바라던 것을 이룬 것처럼 느끼고 감사하는 마음으로 기도하라고 하였다. 한 아메리칸 인디언 청년의 '비를 불러오는 기도'의 예가 제시되어있었는데 무척 인상 깊었다.

> "가뭄이 계속되는 지금, 나는 비가 주는 느낌을 상상하기 시작했어요. 그러자 내 몸에 와닿는 빗방울의 느낌이 느껴졌어요. 비가 쏟아질 때 진흙투성이가 된 우리 마을의 광장에 맨발로 서 있을 때의 기분을 느꼈어요. 그리고 마을의 흙집 벽에서 나는 비의 냄새를 맡았고 비를 맞으며 가슴 높이까지 자란 옥수수밭 사이를 헤집고 돌아다닐 때의 기분을 만끽했지요."
>
> (출처: 그렉 브레이든, 《1700년 동안 숨겨진 절대 기도의 비밀》, 황소연 역, 굿모닝미디어, 2019)

이 청년의 기도와 같이, 나 역시 K의 내면의 부정적 그림자를 지워버리고 사랑으로 채운 치유의 기도를 해본다. 나만의 언어로 바라던 대로 모두 이룬 것처럼 기쁨과 감사의 느낌을 담아 기도한다.

막 잠에서 깨어나 이완된 의식의 초점을 K의 내면 아이에 맞춘다. 조심스럽게 다가가서 그의 두려움에 떨고 있는 차가운 양손을 부드럽고 포근하게 꼭 감싸 안는다. 냉기가 몸속으로 파도가 몰려오듯 쏴 들이친다. 몸 구석구석 미세한 혈관에까지 전해진다. 그 차가운 기운을 연민의 눈으로 바라본다. 냉기는 순식간에 사라지고 서서히 따스한 기운이 온몸을 감싸는 듯하다. 내면 아이의 흐느끼는 등을 천천히 토닥이며 얼굴을 살포시 맞댄다. 그리고 나직하게 속삭인다.

"그동안 얼마나 힘들었니? 어릴 때 모진 환경에서 살아오며 겪은 힘든 시간을 홀로 용케 버티느라 고생이 많았구나!"

아이의 슬픈 눈망울에는 수정 같은 눈물이 가득 고이며 얼굴 위로 번진다. 가슴속 깊이 숨겨놓았던 애환과 원망의 아이들이 오래 기다렸다는 듯 저마다 톡톡 얼굴을 빼꼼히 내민다.

"그래! 오래 참았구나, 이제는 얼굴을 내놓고 홀홀 털어버려요. 어렵던 시절의 고통의 뒤안길을 벗어나 밝은 빛과 사랑이 넘치는 곳으로 나와 함께 가요."

아이의 눈과 마주치며 사랑의 에너지를 듬뿍 불어넣어준다. 서서히 아이의 얼굴은 해맑은 미소로 가득 차오르며 환하게 밝아온다.

"드디어 해냈구나! 가슴속 깊이 웅크려 박혀있던, 오래된 회한과 원망의 상처를 사랑과 용서로 쓰다듬어 아물게 했구나. 상처를 주었던 주변 사람에게도 사랑의 축복으로 그들의 허물까지 덮어주었구나!"

사랑이 충만한 에너지장에서 아이의 손을 잡고 빛이 쏟아지는 곳으로 한 땀 한 땀 걸음을 내디딘다. 아이와 나의 눈에서는 기쁨과 감사의 눈물이 번지고 있었다.

매일 아침과 저녁 두 차례, 잠자리에 들었을 때 이러한 치유 기도를 하기로 한다. 도움을 요청하면서 느끼는 간절함과 열망이 아니라, 감사하는 마음에서 비롯되는 편안한 마음으로 한다. 비록 상처 입은 본인이 하는 기도는 아니지만, 기도의 효력을 확신한다.

"기도는 신을 변화시키지는 않지만, 기도하는 사람을 변화시킨다"라고 철학자 키르케고르가 말한 것처럼 이 기도는 나를 변화시키고 또 K를 변화시킬 것이다. 이렇게 의식과 지성을 가진 정신이 또 하나의 세상을 열어가고 있다.

1,700년 동안 먼지로 덮여있었던 기도의 시크릿을 나의 진실한 기도로 재현한다고 생각하니 가슴이 벅차오른다.

신의 사랑

신의 사랑은 어떻게 느껴질까?

그동안 신의 사랑을 언급한 수많은 글을 읽으면서도 머릿속 관념으로만 막연하게 인식했을 뿐이었다. 한 점의 티끌도 용납할 수 없는 지고지순함과 크기를 헤아릴 수 없을 만큼 무한한, 인간의 머리로는 도저히 생각할 수 없는, 그런 것 정도로 알고 있었다.

그런데 오늘 그런 신의 사랑의 손길을 몸의 감각으로 또렷하게 느낄 수 있었다.

지금도 그 한량없이 부드럽고 포근한 손길을 생각하면 스르륵 눈이 감기고 머릿속에선 옥시토신이 퐁퐁 솟는다. 신의 사랑은 작은아이의 손길을 통해서 나에게 전해졌는데 그 연유는 이러했다.

작은아이는 요즘 코로나로 공연이 취소되고 팬들과 접촉할 기회가 사라짐에 따라 힘든 상황이 되었다. 그렇지만 정작 본인은 전혀 내색하지도 않고, 오히려 여유로운 시간을 이용하여 여기저기 캠핑도 다니고 친구도 만나는 등 자유로운 생활을 하고 있었다. 다만 옆에서 지켜보는 아이 엄마가 아이보다 더 힘들어하며 걱정하고 불안한 마음을 토로하곤 하였다. 오늘도 아이가 외출하자 푸념 섞인 볼멘소리가 터져 나왔고, 나는 옆에서 잠자코 듣기만 하였다. 마음속으로 아이의 엄마에게 연민의 감정이 살짝 느껴졌다.

'코로나로 인한 이 난관도 좀 있으면 지나갈 텐데…
그때까지는 참고 기다리는 수밖에는 별도리가 없을 터인데…
아이가 안쓰러워 그러는구나.'

안타까운 마음에 조용히 눈을 감았다.
얼마나 지났을까. 누군가 가만히 내 두 팔을 뒤에서 감싸 안는 것이 느껴졌다. 나는 저항할 수 없는 아주 커다란 힘에 압도되어 꼼짝도 할 수 없었다. 숨이 멎을 것 같은 긴장과 동시에 따스하고 부드러운 감촉이 서서히 느껴진다. 이어서 귀에 낯설지 않은 목소리가 나직하게 들리는 듯하였다. 작은아이였다.

"아빠! 너무 염려하지 마세요! 잘 될 거예요."

한참 동안 나는 당당하면서도 포근한 그의 목소리에 취하여 할 말을 잃어버렸다. 이윽고 정신이 들자 이런 생각이 들었다.

'수시로 듣게 되는 엄마의 넋두리에 네 마음이 얼마나 상처를 받았겠니? 나는 그런 너에게 무슨 위로의 말이라도 해줬어야 했는데,

가만히 듣고만 있었네. 미안하구나. 위로를 받아야 할 네가 오히려 나에게 이런 위로의 말을 하다니!'

이 꿈속의 부드러운 손길이야말로 바로 신의 한량없는 사랑이 아이의 손길을 통하여 나에게 고스란히 전달된 게 아닐까? 이렇게 부드럽고 포근하고 따스한 손길은 비록 꿈속이지만 생생하게 체험한, 경이로운 것이었다.

신의 사랑은 이런 것이구나!
포근하고 순수한 신의 사랑을 어렴풋이나마 이렇게 감지할 수 있었다.
말로만 듣던 관세음보살님의 자비로운 손길이나 예수님의 아가페 사랑이 바로 이런 것이었다.

그런데 이 상황에서 나에게 전달된 신의 메시지는 뭘까?
불안해하는 아내의 반응과는 달리, 초연한 듯 담담하게 세상을 받아들이는 나에게, 왜 이런 사랑의 손길을 내밀었을까? 비록 의식할 수는 없지만, 나에게도 일말의 불편함이 마음속에 내재되어있음을 살피시고 아이의 목소리로 나의 마음을 위로하여주신 것일까?

"너무 걱정 안 해도 괜찮아요! 그 아이는 혼자서도 잘 극복할 수 있어요. 좀 있으면 아이가 좋은 소식을 전해줄 터이니, 그때까지는 힘들지만 잘 버텨나가도록 해요!"

그렇다!

이런 메시지를 일부러 전하기 위해 주인공은 나에게 이렇게 손길을 내밀었던 것이다.

가만히 눈을 감는다.

다시 한번 신의 부드럽고 포근한 사랑의 손길을 음미해본다.

신과 나는 하나가 되어 아름다운 꿈길을 함께 걸어간다.

귀향

귀향

욕심을 줄여 영혼을 맑게 하고
말을 줄여 소음을 줄이고
적게 먹어 생명체의 수고를 덜어

한철 살아내고
바람 불어 하얗게 말라가는 댓잎이
한점 저항 없이 내맡기며 서걱대는 소리처럼

허물어져가는 알래스카 빙하의
마지막 조각 녹아내리는 소리처럼

저물녘 새들이
호수 위 한 올의 그림자도 남기지 않듯이

몸은 티끌 되어
언제라도 미련 없이
고향으로 돌아가리니

소명

한차례 바람에
속절없이 떨어진 꽃잎 속
천변을 걸으며

긴 호흡
짧은 포옹
강가 모래알의 인연들

늦여름 밤 사그라지는 매미 소리에서
나이 든 반려견 눈빛 속에서
연민을 읽고

로스코 주황색 강렬함과
카잘스 첼로의 그윽함에
환희의 눈물 지으며

애씀 없이 다하고
이룸 없이 살다가

언젠가 그날이 오면
기꺼이 맨발로
내 손님 맞이하리라